Gütersloher Taschenbücher / Siebenstern 757

GTB · Religionspädagogik

Eine Reihe für Lehrer, Erzieher, Eltern, Mitarbeiter in der Gemeindearbeit, Studenten der Religionspädagogik und theologisch interessierten Laien. Sie gibt Anregungen und Hilfen für Schule und andere religionspädagogische Arbeitsfelder sowie eine praxisorientierte theologische und religionspädagogische Reflexion für die selbständige Orientierung des Praktikers.

In GTB Religionspädagogik erscheinen Projekte für den Elementar- und Primarbereich sowie für die Sekundarstufe I und II, in denen Fragestellungen und Ansätze der neueren theologischen und religionspädagogischen Arbeit als Anstöße für die Praxis erarbeitet werden. Die Entwicklung der Religionsdidaktik wird besonders im Blick auf Erfahrungsbezug und Orientierung an offenen Lernprozessen aufgenommen. Biblische Themen und Schülerprobleme sowie Gegenwartsthemen werden nicht getrennt, sondern wechselseitig aufeinander bezogen. Die einzelnen Bände legen ihren Schwerpunkt jeweils auf erfahrungsbezogene Aufarbeitung biblischer Themen, symboldidaktische Ansätze, Schüler- und Gegenwartsprobleme.

Friedrich Johannsen

Gleichnisse Jesu im Religionsunterricht

Anregungen und Modelle für die Grundschule

Gütersloher Verlagshaus
Gerd Mohn

Originalausgabe

CIP-Kurztitelaufnahme der Deutschen Bibliothek

Johannsen, Friedrich:
Gleichnisse Jesu im Religionsunterricht:
Anregungen u. Modelle für d. Grundschule
Friedrich Johannsen. – Orig.-Ausg. – Gütersloh:
Gütersloher Verlagshaus Mohn, 1986.
(Gütersloher Taschenbücher Siebenstern; 757)
ISBN 3-579-00757-2

NE: GT

ISBN 3-579-757-2

Umschlagentwurf: Dieter Rehder, Aachen
Gesamtherstellung: Clausen & Bosse, Leck
Printed in Germany

Inhalt

Vorwort

In den Gleichnissen Jesu begegnet uns ein ganz zentraler und repräsentativer Teil der christlichen Überlieferung. Ähnlich wie die Bergpredigt werden sie innerhalb der Auslegungsgeschichte und in der akuten Auseinandersetzung um die Deutung der Sache und Person Jesu immer wieder neu entdeckt.
Neben den inhaltlichen Aspekten ist das Reden in Gleichnissen für die Besonderheit religiöser Sprache von exemplarischer Bedeutung.[1] Schließlich macht die ihnen eigene didaktische Kraft sie zu beliebten Unterrichtsinhalten in verschiedenen religionspädagogischen Konzeptionen. Es gibt somit Gründe genug, immer wieder auf die durch die Arbeit mit Gleichnissen möglichen Lernchancen aufmerksam zu machen.
Im folgenden soll neben einer knappen Übersicht und Grundorientierung über gegenwärtige Auslegungstendenzen vor allem Anregung und Ermutigung zu einer erfahrungsfördernden religionspädagogischen Arbeit in der Grundschule gegeben werden, für die die Gleichnisse wegen ihrer Eigenart ein besonders geeignetes Medium sind. Darüber hinaus läßt sich vieles auch in anderen Schulstufen, in der Gemeindearbeit und im Blick auf die eigene Auseinandersetzung verwenden.
In neutestamentlichen Zusammenhängen ist der Glaube an die Liebe und Güte Gottes Voraussetzung der Gleichnisrede. Sie entfalten erzählend und argumentierend, welche Perspektive sich angesichts einer konkreten Situation von dieser gemeinsamen Grundüberzeu-

1. Vgl. *P. Biehl:* Religiöse Sprache und Alltagserfahrung, in: ThP 18 (1983), H. 3/4, S. 104.

gung her eröffnet. Diese Voraussetzung fehlt in heutigen religionspädagogischen Arbeitsfeldern weitgehend.
Um so wichtiger ist es, daß die Kinder im Kontext ihrer Lebenswelt Hinweise darauf wahrzunehmen lernen, auf welche Erfahrungen sich das christliche Reden von Gott bezieht.

A. Ansätze der Auslegungsgeschichte im Überblick

1. Grundprobleme der Gleichnisauslegung

Eine wichtige Erkenntnis neutestamentlicher Forschung liegt in der Feststellung, daß die Gleichnisse Jesu zunächst ohne die dazugehörende Situation tradiert worden sind, in die sie einmal hineingesprochen wurden. Aufgrund allgemeiner Überlieferungsgesetze ist anzunehmen, daß der situative Rahmen, in den die Evangelien die Gleichnisse einbinden, vom allgemeinen Argumentationsinteresse der Evangelisten bzw. der Urgemeinde bestimmt ist und nicht ohne weiteres auf eine Situation im Leben Jesu zurückgeführt werden kann. Die Gesamtgestaltung wird jeweils von der nachösterlichen Sicht der Evangelisten geprägt, die mit Blick auf verschiedene Situationen und Adressaten verkünden wollen, daß der gekreuzigte Jesus der von Gott gesandte Messias (Christus) ist. Dieses Interesse an der Deutung der Person hat auch die Einbindung und Deutung des Gleichnisstoffes beeinflußt, da der Gleichniserzähler nun selbst als »Gleichnis Gottes« (E. Jüngel) zur Sprache gebracht wird. Unter historisch-kritischer Fragestellung sind daher Rahmensituationen und -konstellationen der Evangelien zunächst einmal als literarische (Re)-Konstruktionen zu betrachten. Es ist dann jeweils zu prüfen, ob sie möglicherweise der ursprünglichen Redesituation entsprechen oder andere Vermutungen vorzuziehen sind. Dieser Arbeitsschritt erfolgt nicht nur im historischen Interesse. Welche Relevanz für die christliche Auslegung der Rückbezug der Gleichnisrede auf Worte des (historischen) Jesus hat wird bei den einzelnen Auslegern unterschiedlich gesehen. Ebenso verhält es sich mit der Frage, wie diese mutmaßliche Rekonstruktion methodisch zu bewerkstelligen ist. Hinter diesem Rückbezug steht jedoch jeweils der Versuch, sich der verändernden Sprachkraft der ursprünglichen Gleichnisse Jesu anzunähern, die möglicherweise durch die konkrete literarische Einbindung der Evangelien beeinträchtigt wurde. Von der Voraussetzung her, daß wir es bei den Gleichnissen mit Schlüsseln zu tun haben, bei denen nicht mehr eindeutig festzustellen ist, was sie einmal aufgeschlossen bzw. erschlossen haben, begründet sich auch die Notwendigkeit, sowohl im Blick auf die Auslegung als auch auf das didaktische Arrangement verschiedene Möglichkeiten auszuprobieren, um so experimentierend die »Erschließungsfunktion« wiederzugewinnen.

2. Abkehr von der Allegorisierung

Bereits Beispiele im Neuen Testament lassen die Tendenz erkennen, daß eine Unsicherheit über den ursprünglichen Sinn der Gleichnisrede entstanden war und daher Auslegungsbemühungen einsetzten. Ein Ausdruck dieses Sachverhalts liegt Markus 4,14–30 vor, wo das Gleichnis von der Aussaat (Markus 4,3–8) nach vorhergehender Reflexion über das Gleichnisverständnis im allgemeinen ausgelegt wird. Die hier dokumentierte Auslegungstendenz in Form einer Allegorisierung bleibt für die weitere christliche Auslegungsgeschichte bestimmend. Erst im Zusammenhang der historisch-kritischen Bibelauslegung wird die damit verbundene Problematik aufgedeckt, die vor allem darin liegt, daß die Gleichnisse um wesentliche Möglichkeiten ihrer Wirkung gebracht werden.

Bei der *allegorischen Auslegung* wird die Gleichniserzählung als eine Kette von Metaphern bzw. Bildern verstanden, die auf Sachverhalte Bezug nehmen, die theologisch Kundigen bekannt sind. Die Gleichnisse werden dabei vom Ausleger in einer Reihe illustrativer Vergleiche aufgelöst und dienen der Veranschaulichung ihnen *bekannter* Wahrheiten. So wird das Gleichnis vom Barmherzigen Samaritaner gern als Gemälde der Heilsgeschichte gedeutet.

Der Mann vertritt Adam bzw. die ganze Menschheit, die sich vom Ort oder Stand der Gnade (Jerusalem) entfernt und den Räubern (den teuflischen Mächten der Sünden) in die Hände fällt. Priester und Levit als Repräsentanten verschiedener Stufen der alttestamentlichen Heilsgeschichte sehen seinen Zustand, aber helfen ihm nicht. Jesus Christus als Samariter nimmt sich seiner an und behandelt ihn mit seiner Gnade (Öl) und seinem Kreuz und Leiden (Wein). Er trägt ihn auf sich selbst als Opfer-(Tier) und bringt ihn in die Herberge (Kirche), wo er der Betreuung durch den Wirt (die Prediger) über-

lassen wird. Vor seinem Weggang (Himmelfahrt) hinterläßt er noch zwei Geldstücke (AT und NT) und die Verheißung seiner Wiederkehr. (Nach einer Auslegung von M. Luther)
In katholischer Auslegung finden sich verschiedene, der Differenz in der Lehre entsprechende Varianten. So wird z. B. zusätzlich auf die sakramentarische Bedeutung von Öl und Wein hingewiesen, der Wirt wird als Petrus u. a. gedeutet.[1]

Der allegorischen Deutung geht es nicht um die Erschließung von Neuem, sondern um Verdeutlichung von Bekanntem. Hier setzt das Werk A. Jülichers (1857–1938) an, das für die neuere Gleichnisauslegung entscheidende Weichen gestellt hat und mit der dominierenden allegorischen Auslegungstradition brach.

3. Jülichers Ansatz und seine Wirkung

Die umfassende Bearbeitung der Gleichnisse durch Jülicher bezieht sich im wesentlichen auf drei Aspekte, die von ihm folgenden Auslegern in unterschiedlicher Weise aufgenommen wurden.

a) In der Abkehr von der jahrhundertelangen allegorischen Auslegungstradition folgen ihm alle nennenswerten Ausleger.
b) Sein zweiter wichtiger Schritt liegt in dem Versuch, die Gleichnisse Jesu mit Hilfe von Kategorien der griechischen Rhetorik verschiedenen Redeformen mit unterschiedlichem Aufbau und Aussageintention zuzuordnen. Nach Jülicher ist es möglich, die synoptischen Gleichnisse drei Klassen zuzuteilen:
Gleichnisse (im engeren Sinne), *Parabel* und *Beispielerzählung*. Allen drei Arten ist gemeinsam, daß sie auf einen Vergleichspunkt (tertium comparationis) abzielen.
Beim *Gleichnis* im engeren Sinne wird die regelhafte alltägliche Erfahrung zugunsten eines Neuen ins Spiel gebracht (z. B. Markus 4,3–8: das Gleichnis vom Sämann).
Die *Parabel* erzählt einen interessanten Einzelfall, der auf dem Hintergrund der Vorstellungs- und Lebenswelt des Hörers die Redeabsicht durch einen besonders ungewöhnlichen Einzelaspekt zu

1. Vgl. *W. Harnisch:* Die Gleichniserzählungen Jesu, Göttingen 1985, S. 61, und *K. Sorger:* Gleichnisse im Unterricht, Düsseldorf 1980, S. 64f.

erreichen sucht (z. B. Matthäus 20,1–16: das Gleichnis von den Arbeitern im Weinberg).

In der *Beispielerzählung* fehlt das bildhafte, indirekte Element. Sie schildert einen anschaulichen Einzelfall, der unmittelbar auf die eigene Lage bezogen und angewendet werden will (z. B. Lukas 10,25–37: das Gleichnis vom barmherzigen Samaritaner).

Wenn auch die schon früher gegen Jülicher vorgebrachten Einwände einer sachfremden Systematisierung der Gleichnisse in letzter Zeit wieder stärker beachtet werden, sollte man seine Kategorien in didaktischen Zusammenhängen als einen möglichen Reflexionsansatz durchaus weiterhin in Anschlag bringen. Dabei ist jedoch im konkreten Auslegungsprozeß jeweils zu überprüfen, ob durch die Formzuweisung nicht wichtige Aspekte ausgeblendet werden.

Wenn W. Wink gegenüber der von Jülicher begründeten Auslegung einwendet, er habe »an die Stelle des Allegorisierens einzelner Bestandteile lediglich das Allegorisieren des Ganzen« gesetzt, so mag das prinzipiell stimmen.[2] Auf den methodischen Ansatz kann man m. E. jedoch nur verzichten, wenn man den Gleichnissen eine lehrhafte Absicht völlig abspricht. In religionspädagogischen Zusammenhängen ist es allerdings wichtig, daß die herausgearbeiteten lehrhaften Elemente nicht autoritär – sei es mit dem Gewicht des historischen Jesus, einer allgemeinen Kirchenlehre oder theologischen Wahrheit –, sondern als Angebot zur Auseinandersetzung zur Sprache kommen. Neben den lehrhaften Elementen ist jedoch den von Jülicher nicht hinreichend beachteten Überraschungsmomenten, Anregungen und Besonderheiten wesentlich mehr Aufmerksamkeit zu widmen, die nur zur Geltung kommen können, wenn sie gleichsam spielerisch an die Schüler herangetragen werden.

c) Der Aspekt, zu dem Jülicher heute keine Zustimmung mehr findet, liegt in der Deutung der Gleichnisse als eines (didaktischen) Hilfsmittels, mit dem eine allgemeine (neue) Wahrheit besser zum Ausdruck gebracht werden kann. Jesus bediente sich der Gleichnisse

2. *W. Wink:* Bibelarbeit – ein Praxisbuch für Theologen und Laien, Stuttgart 1982, S. 133.

»um ... eine neue Wahrheit auf dem Weg über das Vertraute und allgemein Bekannte einzuschärfen ...«[3]

Wichtig bleibt von Jülichers Überlegungen die gegenüber der allegorischen Deutung hervorgehobene Wendung zu etwas Neuem (nicht Bekanntem) hin, die in der Gleichnisrede vollzogen wird. Mit der Bestimmung der Lehre Jesu als allgemeine (zeitlose) Wahrheit bleibt Jülicher jedoch in den Denkmustern der zu seiner Zeit herrschenden liberalen Theologie befangen. Nach seiner Ansicht wird mit den Gleichnissen im didaktischen Interesse etwas lebensnah und anschaulich vermittelt, was prinzipiell auch abstrakt als Lehrsatz gesagt werden könnte. Demgegenüber heben neuere Bemühungen um das Verstehen der Gleichnisse Jesu hervor, daß Gleichnisrede selbst ein Teil der Wirklichkeit ist, den sie zur Sprache bringt und somit nicht ohne Verlust in andere Formen übertragen werden kann.

Insgesamt bleibt festzustellen, daß der mit gewissen Abwandlungen weiterentwickelte Ansatz Jülichers gerade auch in religionspädagogischen Arbeitszusammenhängen seine besondere Fruchtbarkeit gezeigt hat.

Literatur: E. Linnemann: Gleichnisse Jesu, 7. Aufl., Göttingen 1978 (1. Aufl. 1961). – *K. Sorger:* Gleichnisse im Unterricht, Düsseldorf 1980 u. a.

4. Gleichnisse als Mittel der Überzeugung

J. Jeremias nimmt im Anschluß an Dodd die enge Rückbindung der ursprünglichen – nichtallegorischen – Gleichnisrede an den historischen Jesus auf. Er versteht sie nicht als Ausdruck einer allgemeinen Wahrheit, sondern bezieht sie als Mittel der Argumentation und Verteidigung jeweils auf ganz konkrete Situationen der Auseinandersetzung Jesu mit seinen Gegnern:

3. *A. Jülicher:* Gleichnisse (1920), in: *W. Harnisch (Hg.):* Gleichnisse Jesu. Positionen der Auslegung von Adolf Jülicher bis zur Formgeschichte, Darmstadt 1982, S. 5.

»Jesu Gleichnisse sind nicht – jedenfalls nicht primär – Kunstwerke, sie wollen auch nicht allgemeine Grundsätze einprägen (...), sondern jedes von ihnen ist in einer konkreten Situation des Lebens Jesu gesprochen, in einer einmaligen, oft unvorhergesehenen Lage. Weithin, ja überwiegend handelt es sich dabei (...) um Kampfsituationen, um Rechtfertigung, Verteidigung, Angriff, ja Herausforderung: Die Gleichnisse sind nicht ausschließlich, aber zum großen Teil Streitwaffe.«[4]

Die besonders auf religionspädagogische Leser zugeschnittenen Arbeiten von E. Linnemann und K. Sorger schließen an wesentliche Grundlagen von Jeremias an.

E. Linnemann setzt einen Schwerpunkt ihrer Gleichnisanalysen bei einem besonderen Aspekt der Argumentationsstruktur, indem sie aufzuzeigen versucht, wie in der Gleichnisrede gegnerischen Positionen Raum gegeben wird und damit ein Brückenschlag erfolgt (Phänomen der Verschränkung). Auch K. Sorger ist besonders an den Strukturen der Argumentation interessiert, durch die die Gleichnisrede eine Art dialogischer Gestalt bekommt, die der »Bekehrung« des Zuhörers dient.

Die Einbindung der Gleichnisrede in Auseinandersetzungen Jesu mit seinen Gegnern und ihre Funktionsbestimmung als Argumentationsmittel wird z. T. heftig mit der These bestritten, daß die Gleichnisse erst im Kontext der Evangelien einen argumentativen Charakter bekommen haben, während sie als Teil der Verkündigung Jesu (ausschließlich) auf die Einbildungskraft des Hörers abzielten, indem sie nicht »der abgedroschenen Geschichte des Wirklichen, sondern der unverbrauchten Geschichte eines Möglichen« das Wort reden.[5]

In den Evangelien zielten die Gleichnisse vordergründig »auf die Überredung fiktiver Gesprächspartner Jesu«, während eigentlich damit diejenigen gewonnen werden sollen, an die sich das jeweilige Evangelium richtet. Gleichzeitig sei mit dieser Einbindung der Gleichnisse in die Evangelien ein Verlust an metaphorischer Potenz verbunden.[6]

Sicher ist mit der Übernahme der mündlichen Gleichnisrede in die

4. *J. Jeremias:* Die Gleichnisse Jesu, 6. neubearb. Aufl., Göttingen 1962, S. 17f. (1. Aufl. 1947).

5. W. Harnisch, 1985, S. 307.

6. Vgl. a. a. O., S. 313f.

schriftlichen Fassungen der Evangelien ein Veränderungsprozeß verbunden gewesen. Möglicherweise trifft auch die Vermutung zu, daß damit ein Verlust an sprachlicher Kraft einhergeht. Eine *prinzipielle* Unterscheidung zwischen einer nur hypothetisch rekonstruierbaren Urfassung, in der es ausschließlich um Anregung der Einbildungskraft und Erschließung einer neuen Möglichkeit geht, und einer argumentativen Funktion der weiterentwickelten und in dem Evangelium eingebundenen Fassungen ist m. E. jedoch problematisch. Ob gewollt oder nicht, wird diese Verkündigung damit aus den konkreten religiösen, politischen und sozialen Auseinandersetzungen herausgenommen.

In der religionspädagogischen Arbeit – besonders im schulischen Religionsunterricht – darf schon wegen der institutionellen Rahmenbedingungen nicht darauf verzichtet werden, auch den argumentativen Charakter der Gleichnisse zur Geltung zu bringen. Eine Orientierung an dem neueren Ansatz, die Gleichnisse Jesu als Metaphern zu verstehen, kann jedoch der Versuchung entgegenwirken, den Unterricht über Gleichnisse auf rational abgrenzbare Lernziele zu begrenzen und damit ihre besonderen Chancen zu verspielen.

5. Gleichnisrede als Sprachereignis der Zukunft Gottes

Die Gleichnisreden Jesu »sind nicht Rechtfertigung oder Verteidigung der Freudenbotschaft, sondern sie sind *selbst Evangelium* ...«
»Jesus von Nazareth hat (aber) nicht in Gleichnissen gesprochen, weil er eine Wirkung erzielen wollte, sondern weil das Gottesreich, das er verkündigte, eine Wahrheit ist, die gar nicht ›an sich‹ besteht, sondern wesentlich auf das Einverständnis des Hörers abzielt.«[7]

Nach diesem Verständnis sind Jesu Gleichnisse nicht Veranschaulichung einer Wahrheit, auch nicht Verteidigung einer Lehre oder Werbung um Zustimmung, sondern Zur-Sprache-Kommen des Gottesreiches, das *im Gleichnis als Gleichnis* ganz da ist (Jüngel).

In den Gleichnissen wird eine Möglichkeit erschlossen, die die Wirklichkeit so nicht bereithält. Dieser an neueren Sprachforschungen

7. *H. Weder:* Die Gleichnisse Jesu als Metaphern, 2. Aufl., Göttingen 1980, S. 65 (1. Aufl. 1978).

orientierte Auslegungsansatz geht davon aus, daß der Sachverhalt, um den es in der Rede geht (Reich Gottes), nur metaphorisch zur Sprache gebracht werden kann.
Hier wird ein Verständnis von Metapher verwendet, das sich nicht auf einzelne Wörter, sondern auf die ganze Textgestaltung – einschließlich des Kontextes – bezieht. Metapher ist »als eine besondere Weise eigentlicher Rede« zu verstehen, »die zwei von sich her unvereinbare Sinnhorizonte in Beziehung setzt und damit eine sematische Neuerung ermöglicht«.[8]
Daher ist es nicht möglich, die Aussagen der Gleichnisse ohne wesentlichen Substanzverlust in begriffliche Sprache umzusetzen. Sachgemäße Auslegung besteht allein in der Umschreibung und einer Neuschöpfung von Metaphern. Somit ist die Unterscheidung von Bildhälfte und Sachhälfte aufzugeben und statt nach dem Vergleichspunkt nach der metaphorischen Bedeutung bzw. Zuspitzung der ganzen Erzählung zu fragen.
Während die bisherigen Gleichnistheorien davon ausgingen, daß die Besonderheit der Gleichnisrede in der für den Zuhörer verblüffenden Inbeziehungsetzung von zwei bekannten Größen liegt, siedelt ein Verständnis als Metapher diese zwischen Bekanntem und Unbekanntem an.
»Richtiges Auslegen bedeutet, hören auf etwas, was ohne das Gleichnis nicht gehört werden könnte«.[9] Seine besondere Wirkung erreicht die Gleichnisrede durch bestimmte fiktionale Elemente (nach P. Ricoeur durch ihre Extravaganz), die in die Alltagserfahrung eingebunden werden und diese zugleich in unerwarteter Weise überbieten. Das als Metapher verstandene Gleichnis erschließt »innovatorisch neue Sinnbereiche«[10] und erzeugt in erster Linie eine »Umkehr der Einbildungskraft«[11] in Richtung auf das, was sein könnte. Dabei ist die Alltagserfahrung zugleich Verständigungsbedingung und Gegenstand kritischer Betrachtung. Das Verständnis der Gleichnisse als Metaphern, die durch Verfremdung zu neuen Einsichten führen, impliziert zugleich eine Didaktik. Die Gleichnisse spielen durch ihre spezielle

8. *P. Biehl:* Symbol und Metapher, in: JRP 1 (1985), S. 37.
9. W. Wink, 1982, S. 134.
10. P. Biehl, 1985, S. 38.
11. P. Ricoeur, zitiert nach H. Weder, 1980, S. 91.

Gestaltung neue Möglichkeiten zu und ermöglichen »spielendes Lernen«.[12]
Dem ist im unterrichtlichen Arrangement Rechnung zu tragen. Gerade der Hinweis auf das »spielerische Lernen« stützt nochmals die schon verschiedentlich angedeutete These, daß in religionspädagogischen Zusammenhängen angezeigt ist, verschiedene – auch kontrovers diskutierte – Interpretationsgesichtspunkte aufzunehmen. Wenn die verschiedenen Zugänge unter dem Aspekt entdeckenden Lernens aufgenommen und im Sinne einer mehrdimensionalen Erschließung ins Spiel gebracht werden, zeigt sich zumindest an einigen Beispielen, daß diese Ansätze sich komplementär ergänzen können.
Neben den genannten, im engeren Zusammenhang der Gleichnisauslegung diskutierten Verständnismustern soll im folgenden auf weitere Auslegungstendenzen und Fragestellungen verwiesen werden, die ebenfalls schon von ihren Schwerpunkten her für die religionspädagogische Arbeit mit Gleichnissen von Interesse sind.

6. Sozialgeschichtliche und tiefenpsychologische Auslegungsansätze

Die historisch-kritische Auslegungsarbeit kann dazu verhelfen, die Alltagswelt, die dem Gleichnis zugrunde liegt und den damaligen Hörern selbstverständlich war, verständlich zu machen. So sind etwa Kenntnisse des palästinensischen Ackerbaus und das Wissen um das spannungsgeladene Verhältnis zwischen Juden und Samaritanern unerläßliche Voraussetzungen, wenn man den ursprünglichen Sinn der Gleichniserzählungen aufhellen will. Zugleich verhilft diese Auslegungsmethode dazu, die mögliche Ursprungsituation im Leben Jesu, der Jesusbewegung und der Urgemeinde (den Sitz im Leben) in den verschiedenen Entwicklungsstadien der Texte hypothetisch zu rekonstruieren und hält somit den Wirklichkeitsbezug der Texte (und des Glaubens!) fest.
a) *Die sozialgeschichtliche Auslegung* will bestimmte, hier angeschnittene Fragestellungen vertiefen. Indem herausgearbeitet

12. Vgl. H. Weder, 1980, S. 89.

wird, welche befreiende Bedeutung die Texte als Glaubensaussagen im Zusammenhang der konkreten damaligen Alltagswelt haben, kann ihre befreiende Bedeutung in unserer heutigen Alltagswelt mit ihren konkreten Zwängen entdeckt werden. Dieser Entdekkungsprozeß schließt ein, daß die soziale Situation derer, von denen die biblischen Zeugnisse ausgehen, genau wie die eigene Situation möglichst genau wahrgenommen und beachtet wird. Indem die konkrete Sichtweise derer eingenommen wird, die die biblische Befreiungsbotschaft aussprechen, kann die dort zur Sprache kommende verändernde Wirklichkeitserfahrung mit ihren neuen Hoffnungen und Handlungsperspektiven in Solidarität mit denen, die heute Befreiung suchen, eine neue Dimension von Erfahrung eröffnen.
Von diesem Ansatz her sind im Blick auf die Gleichnisauslegungen vor allem die Arbeiten von *L. Schottroff* zu nennen.

Literatur: L. Schottroff und *W. Stegemann (Hg.):* Der Gott der kleinen Leute. Sozialgeschichtliche Auslegungen.: Neues Testament, Gelnhausen und München 1979. – *L. Schottroff:* Wir sind Samen und keine Steinchen: Das Gleichnis vom Sämann (Mk. 4,3–8 parr), in: Tübinger Theologische Fachschaftsinitiative (Hg.): Bibel und Befreiung. Beiträge zu einer nichtidealistischen Bibellektüre, Freiburg (Schweiz)/Münster 1985, S. 112–133. Eine knappe Einführung in die Methode findet sich in: *D. Sölle/L. Schottroff:* Die Erde gehört Gott, Reinbek bei Hamburg 1985, S. 7–12.

b) Auch wenn gelegentlich andere Töne zu hören sind, sollten *tiefenpsychologische Auslegungsversuche* biblischer Texte nicht als Konkurrenz oder Ersatz der der Aufklärung verpflichteten historisch-kritischen Auslegungstradition verstanden werden, sondern als deren Ergänzung,[13] eine Ergänzung freilich, die gerade für die didaktische Arbeit von besonderem Interesse ist, weil sie den Anspruch enthält, einen Austausch bzw. eine Verschränkung zwi-

13. Vgl. *M. Kassel:* Biblische Urbilder, 2. Aufl., München 1980, S. 284, Anm. 29; anders *W. Wink:* Bibelauslegung als Interaktion. Über die Grenzen historisch-kritischer Methode (UTB 622), Stuttgart 1976, S. 13.

schen den in den biblischen Texten enthaltenen und den heutigen Erfahrungen zu ermöglichen.[14] Bei der tiefenpsychologischen oder im engeren Sinne archetypischen Bibelauslegung (nach C. G. Jung) geht es u. a. »um ein methodisch kontrolliertes Einbeziehen tiefenpsychologischer Vorgänge, die beim engagierten Lesen von Bibeltexten immer mit ablaufen«.[15] Zur Wahrnehmung und Deutung der in der Tiefenstruktur der Texte enthaltenen allgemein menschlichen Problemkonstellation, typischer Lebensprozesse oder Konflikte wird die Archetypenlehre C. G. Jungs herangezogen. In den Auslegungsversuchen wird nun erwogen, ob einem Text immer wiederkehrende allgemeinmenschliche Lebensprozesse und Reifungsprobleme oder typische Konfliktkonstellationen zugrunde liegen. Ergeben sich begründete Vermutungen, dann wird versuchsweise probiert, ob der Verlauf der Darstellung dadurch gedeutet werden kann, zugleich ein Licht auf entsprechende Gegenwartserfahrungen fällt und eine mögliche Lösungsperspektive erschlossen wird. Für die Praxis der Auslegung ist dabei die Kenntnis einiger Grundsätze erforderlich, die im folgenden nur angedeutet werden können.

Für die Bibelauslegung geben die Arbeiten von Maria Kassel gute methodische Hinweise und interessante Auslegungsbeispiele. Als Einführung in die Methode sind auch eine Fülle von Märchenauslegungen geeignet, die der Methode C. G. Jungs folgen. *Literatur: M. Kassel:* Biblische Urbilder. Tiefenpsychologische Auslegungen nach C. G. Jung. 2. Aufl., München 1980. – *Dies.:* Sei, der du werden sollst, München 1982. – *Dies.:* Tiefenpsychologische Bibelauslegung. Ein Beitrag zu einer Bibeldidaktik der Erfahrung und in: Der Ev. Erz. 3/83, S. 243–251.

Da der Individuationsprozeß des Menschen sich an der Bewährung in Grundkonflikten entscheidet, ist vor allem die Beachtung der im Text vorhandenen Konfliktsituation von Bedeutung. Diese wichtige Aus-

14. Vgl. *M. Kassel:* Tiefenpsychologische Bibelauslegung. Ein Beitrag zu einer Bibeldidaktik der Erfahrung, in: Der Ev. Erz. 3/83, S. 243f.
15. Vgl. M. Kassel, 1980, S, 64.

gangslage wird in der Regel bereits am Anfang der Darstellung deutlich: »Ein Mann hatte zwei Söhne.« Im Anschluß daran ist unter Berücksichtigung der ganzen Erzählung zu fragen, welche Urbilder (Archetypen) bzw. welche archetypischen Konstellationen eine Rolle spielen, an denen sich in der Darstellung der Prozeß der Identitätsfindung und Veränderung entscheidet. Hierbei sind Urbilder der Person (Schatten, Anima/Animus, Selbst), mit denen jeweils ein bestimmter Grundkonflikt verbunden ist, von Urbildern der Wandlung (Übergang, Durchgang) als Hinweis auf einen Veränderungsprozeß zu unterscheiden. Weiter ist für das tiefenpsychologische Verständnis wichtig, daß alle Darstellungen und Prozesse einen Doppelaspekt haben. Das äußere, abgebildete Geschehen (Objektebene) hat – bei der Hauptfigur – eine innerpsychische Entsprechung (Subjektebene). D. h., alle in der Handlung auftretenden Personen und Geschehnisse sind einerseits auf der äußeren Ebene und andererseits auch als innerpsychische Abläufe und Möglichkeiten des einen Ich deutbar.

In der Praxis entspricht dieser Interpretation am ehesten ein spontanes oder probeweises Identifizieren mit Personen und Vorgängen des Textes, an die sich eine Auseinandersetzung im Gruppenprozeß sowie eine Nachbesprechung anschließt.

Es ist dabei durchaus der Methode entsprechend, wenn in einer Lerngruppe im gleichen Text verschiedene ›Hauptpersonen‹ wahrgenommen werden. Das hat seine Ursachen in unterschiedlichen Einstellungen zur Konfliktsituation und kann als Motor der Auseinandersetzung dienen. Speziell für die Gleichnisse sind bisher nur wenig Versuche mit dieser Methode beschrieben worden.

In zwei der folgenden Beispiele werden jeweils Hinweise darauf versucht, welche allgemeinen Problemsituationen möglicherweise in den einzelnen Gleichnissen thematisiert werden und wie der hinter dem Erzählablauf vermutbare psychische Prozeß verstanden werden könnte.

Mit den beiden Auslegungsansätzen, der sozialgeschichtlichen und der tiefenpsychologischen Auslegung, werden zwei wichtige Schichten bzw. Ebenen getroffen, mit denen es der Glaube zu tun hat: die konkrete politisch-soziale und die lebensgeschichtliche Dimension der Existenz. Beide haben den Vorzug, Denk- und Fragerichtungen sowie Perspektiven aufzuzeigen, die für eine mehrdimensionale Arbeit mit den Gleichnissen im Unterricht unverzichtbar sind.

B. Folgerungen für die Arbeit mit Gleichnissen im Religionsunterricht

I. Allgemeine didaktische Erwägungen

Welche Bedeutung haben nun die verschiedenen Auslegungsansätze im Blick auf die religionspädagogischen Arbeitsfelder mit ihren spezifischen Rahmenbedingungen und Aufgaben? Worin liegen jeweils didaktische Möglichkeiten, Chancen und Probleme?

1. Didaktische Möglichkeiten der allegorischen und argumentativen Deutung

Die bereits in der frühchristlichen Auslegungsgeschichte erkennbare Tendenz von der Eröffnung *neuer* Erfahrungen zur Deutung *vorliegender* Erfahrung (Allegorisierung) kann im Unterricht an einfachen Beispielen aufgezeigt und ansatzweise problematisiert werden. Dabei ist einerseits der Blick darauf zu lenken, wie z. B. Jesus als Gleichniserzähler durch diesen Prozeß gedeutet wird, andererseits aber auch auf die Engführung zu verweisen, die damit verbunden ist. Wenn bereits die frühchristliche Auslegung z. B. Jesus mit dem barmherzigen Samaritaner identifiziert, wird damit eine bestimmte Deutung Jesu vollzogen. Je mehr aber die Rollen der Erzählung mit festliegenden Personen und Sachverhalten besetzt werden, verliert die Geschichte ihre anregende Dynamik, weil die Frage nach vorgegebenen, festliegenden Deutungsmustern neue Sichtweisen ausblendet.
Gerade in Lernprozessen sollte die Gestaltung der Gleichnisrede als »argumentative Erzählung« (I. Baldermann) besonders beachtet werden. Da die Situationen und Problemstellungen, d. h. die »Sitze im Leben«, auf die die Gleichniserzählungen bezogen sind, von der Erzählung Jesu über verschiedene Nacherzählungen bis zur Einbindung in die Evangelien sich verändert haben, ist eine unterschiedliche Stoß-

richtung der Argumentation anzunehmen. Durch probierendes Experimentieren mit denkbaren Streit- oder Konfliktsituationen können verschiedene argumentative Möglichkeiten der Gleichniserzählungen erschlossen werden.
Hinsichtlich des argumentativen Charakters der Gleichnisse ist jedoch eine wichtige Veränderung der Voraussetzung zu beachten. Für den neutestamentlichen Hintergrund gehören bestimmte Annahmen zum selbstverständlichen Glaubens- und Denkhorizont. So mag die Gottes*vorstellung* strittig gewesen sein, aber die Gottesfrage selbst war noch kein Thema. Viele Denkvoraussetzungen des NT haben ihren Selbstverständlichkeitscharakter eingebüßt. Es läßt sich schwer über das richtige Gottesverständnis streiten, wenn der Gottesgedanke grundsätzlich abgelehnt wird. Den verschiedenen Voraussetzungen kann dadurch Rechnung getragen werden, daß die Pluralität der vorhandenen Anschauungen konstitutiv in den Unterricht einbezogen wird. Daneben geht es aber vor allem darum, durch geeignete Hinweise zu verdeutlichen, auf welche Erfahrungen sich das Reden von Gott in den Gleichnissen bezieht. So kann die Parabel von den Arbeitern im Weinberg – zumindestens auf einer bestimmten Ebene – als argumentative Auseinandersetzung darüber verstanden werden, welches menschliche Verhalten dem vorausgesetzten Glauben an einen gütigen Gott entspricht. Fehlt diese Glaubensvoraussetzung, ist dennoch anhand der Erzählung eine argumentative Auseinandersetzung über ein »besseres« Gerechtigkeitsverständnis möglich. Schließlich aber bietet die Geschichte auch die Möglichkeit, den Schülern Hinweise auf diejenigen Erfahrungen »zuzuspielen«, auf das das christliche Reden von Gott bezogen ist. Dieser Aspekt kommt besonders dann zur Geltung, wenn die Gleichnisse als Metaphern verstanden werden.

2. Erschließung metaphorischer Rede

Die Erkenntnis von der symbolischen bzw. metaphorischen Gestalt jeder religiösen Rede macht eine gezielte Hinführung und Einübung in das metaphorische Sprechen und Denken zu einer zentralen Aufgabe der Religionspädagogik.[1] Die Arbeit mit Gleichnissen nimmt da-

1. Vgl. *P. Biehl:* Symbol und Metapher, in: JPR 1/85, S. 29–64,

bei eine zentrale Stellung ein. Durch Vorübungen, die in Kooperation oder Anknüpfung an den Deutschunterricht erfolgen können, lassen sich die kreativen Möglichkeiten der Sprache erproben. Eine elementare Einführung in die metaphorische Kraft der Sprache ermöglichen Fabeln, Sprichwörter, Lesebuchgeschichten und Bilderbücher.[2] Hierdurch können verschiedene wichtige Möglichkeiten des Rückbezuges geschaffen werden. In den biblischen Gleichnissen ist die Alltagswelt mit ihren Erfahrungen die Verständigungsbedingung für das Neue und Überraschende. Daher ist es für die Auslegung wichtig, daß zunächst die für den biblischen Hörer bekannten Vorstellungen erschlossen werden, damit die ursprüngliche Sprachkraft der Gleichnisse neu entdeckt werden kann. Schließlich ist zu beachten, daß in unserer Alltagswelt die Fähigkeit zum symbolischen Denken weitgehend verlorengegangen ist und neu gelernt werden muß, wenn es zu einer Belebung der Einbildungskraft kommen soll. Daher besteht eine wichtige religionspädagogische Aufgabe darin, die in den Geschichten ausgedrückten Möglichkeiten innerhalb der konkreten Alltagserfahrungen wahrnehmbar zu machen.

3. Eröffnung neuer Erfahrungen

In der religionspädagogischen Praxis ist »*zu unterstellen*, daß eine Konvergenz zwischen den wirklichen Bedürfnissen des Schülers und der biblischen Verheißung besteht«.[3] Soll die in den Gleichnissen zum Ausdruck kommende Reich-Gottes-Perspektive jedoch als Beschreibung der eigenen Bedürfnisse wahrnehmbar werden, ist zunächst die Alltagserfahrung kritisch in den Blick zu nehmen. Das schließt eine Auseinandersetzung mit der Frage ein, welche allgemeinen und speziellen Erfahrungen in den einzelnen Gleichnissen zur Sprache kommen und welche gegenwärtigen allgemeinen und biographischen Erfahrungen ihnen entsprechen könnten.

Die Suche nach diesen Entsprechungen ist deshalb so wichtig, weil für die den Gleichnissen zugrundeliegende und zur Sprache kommende

2. Vgl. z. B.: *L. Lionni:* Frederik, 30. Aufl., Köln 1980.

3. *P. Biehl:* Natürliche Theologie als religionspädagogisches Problem. Thesen zu einem erfahrungsbezogenen Reden von Gott im Religionsunterricht (Rph Bd. 12), Aachen 1983, S. 21.

Verheißung die Alltagserfahrung eine ganz entscheidende Bedeutung hat. Sie ist gleichzeitig Verständigungsbedingung für das Neue und Ausdruck der Entfremdung. Die wirklichen Bedürfnisse liegen unter dieser entfremdeten Gestalt der Alltagserfahrung verborgen.[4]
Die reflektierten Alltagserfahrungen sind so mit den in den Gleichnissen angesprochenen Möglichkeiten zusammenzubringen, daß diese in einem neuen Licht erscheinen. Im Rahmen dieses Reflexionsprozesses können die neuen Auslegungsansätze mit ihren besonderen Fragestellungen und Perspektiven hilfreich sein.
Die um die *sozialgeschichtliche Frage* geschärfte *historisch-kritische Auslegung* fordert heraus, die historischen Rahmenbedingungen in den Texten so konkret wie möglich zu beachten. Diese können in der Grundschule (aber nicht nur hier!) vermutlich am günstigsten erzählend (narrativ) vergegenwärtigt werden. Zugleich mahnt sie an, die konkrete soziale Situation der Schüler ernst zu nehmen und sich ihnen gegenüber solidarisch zu verhalten, wenn das Lernen an den Gleichnissen gelingen soll.
Tiefenpsychologische Interpretationsversuche lenken die Aufmerksamkeit auf die allgemein menschliche Problematik und lebensgeschichtliche Grundkonflikte, die im didaktischen Feld zu einem Prozeß spontaner Identifizierung und Interaktion einladen. Die Erschließung der Tiefendimension des Textes kann dann erfahrungsfördernd zur Geltung kommen, wenn eine Verschränkung mit der konkreten lebensgeschichtlichen Situation der einzelnen Schüler gelingt. Das fordert wiederum eine Offenheit der Unterrichtssituation, in der diese spontanen Identifizierungen und ein Gespräch über die damit verbundenen Erfahrungen möglich ist.
Im Anschluß an P. Biehl läßt sich der Prozeß der Eröffnung neuer Erfahrungen in Orientierung an den einzelnen Momenten der Gleichnisse folgendermaßen beschreiben:
a) Die dem jeweiligen Gleichnis entsprechende Alltagserfahrung wird angesprochen und gebündelt. Anhand dieser gebündelten Erfahrung wird die Welt erkannt, wie sie ist.
b) Durch das Mittel der Fiktion wird diese vertraute Alltagserfahrung verfremdet.
c) In diesem Verfremdungsprozeß wird ein überraschendes Neues

4. Vgl. a. a. O., S. 21.

eröffnet, das nicht an der Wirklichkeit vorbei, sondern als Vorgriff im Rahmen des Möglichen zur Geltung kommt.

d) Dadurch wird zum einen das Wirklichkeitsverständnis ausgeweitet und vertieft, zum anderen kann der »überraschend zugespielte Sinn« einen neuen Ort in der Lebenspraxis gewinnen.[5]

Es kann nicht genug betont werden, daß das didaktische Arrangement von ganz entscheidender Bedeutung ist, wenn Vertiefung und Überbietung der Alltagserfahrung durch die in den Gleichnissen »zugespielten« Möglichkeiten eine Chance bekommen soll. Welche Lernchancen die Arbeit mit Gleichnissen eröffnet, hängt nicht zuletzt auch davon ab, ob die Schüler dem Lehrer abspüren, daß er selbst bestimmte lebensfördernde Impulse der Gleichnisse entdeckt hat und sie nicht als (beliebigen) Unterrichtsgegenstand einbringt.

Allerdings darf mit dieser Forderung nicht ein sachlich distanzierter Umgang als ein wichtiger und unverzichtbarer Aspekt religiöser Erziehung als »von der Sache her unangemessen« disqualifiziert werden.[6]

Für die didaktische Gesamtreflexion ist bedeutsam, daß für den Prozeß der Bildung christlicher Identität das positive Anteilnehmen an der Tradition und eine kritische Distanzierung (paradoxerweise) zusammengehören.[7]

Engagement und kritische Distanz sind nicht gegeneinander auszuspielen. Die in den biblischen Gleichnissen zur Sprache kommende Reich-Gottes-Perspektive kann beide Aspekte sowohl stärken als auch zusammenhalten. Einerseits weist sie zurück auf die umstrittenen Geschichten und die Geschichte Jesu von Nazareth, andererseits verbinden und verdichten sich im Reich-Gottes-Symbol Kritik heilloser Wirklichkeit und auf Veränderung und Neuwerdung abzielende Lebensimpulse und Hoffnungen. Bei der Bestimmung der Zielsetzung für den Unterricht sind diese Aspekte zu berücksichtigen. Ein kritisches Verständnis der Tradition und engagierter Bezug auf Alltagserfahrungen der Schüler sind so miteinander zu verschränken, daß die Alltagserfahrungen in einem neuen Licht erscheinen und überboten werden.

5. A. a. O., S. 20f.
6. So G. Baudler, in: ru 385, S. 90.
7. Vgl. *D. Zilleßen:* Symboldidaktik. Herausforderung und Gefährdung gegenwärtiger Religionspädagogik, in: Der Ev. Erz. 6/1984, S. 630.

II. Gleichnisse in der Grundschule

1. *Grundsätzliches*

Vieles, was für den Religionsunterricht in der Grundschule insgesamt von Bedeutung ist, gilt auch für die Arbeit mit Gleichnissen. So sollte im übertragenen Sinne auch hier der von Wegenast im Anschluß an Piaget formulierte Satz bedacht werden: »Es ist nicht gleichgültig, ob unsere Kinder in der Grundschule das Verhalten Jesu in erster Linie als gesetzliches Vorbild verstehen, aufgrund dessen gerichtet wird, oder aber das Beispiel für situationsgerechtes Handeln, das in der Liebe gründet und Liebe aktualisieren möchte.«[8]
Die zeitweise vertretene These, die Arbeit mit Gleichnissen sei an Verstehensvoraussetzungen gebunden, die im Grundschulalter noch nicht vorhanden seien, ist inzwischen durch eine Fülle von überzeugenden Praxisbeispielen überholt.[9] Hinter dieser These stand ein abstrakter theologischer Verstehensbegriff sowie z. T. auch eine einseitige kognitive Zielsetzung des Religionsunterrichts. Außerdem hatte die Evangelische Unterweisung von ihrer Konzeption her wenig Interesse an Jesus von Nazareth. Soweit bei der Erarbeitung der Gleichnisse auf bestimmte Kompetenzen (z. B. Schreib- und Lesefähigkeit) zurückgegriffen werden soll, sind eher die letzten beiden Grundschuljahrgänge vorzusehen. Diese Einschränkung ist jedoch keineswegs prinzipiell zu sehen.

2. *Entdecken neuer Lebensperspektiven*

Im Blick auf die konkrete Planung ist zu beachten, daß die Zielsetzungen nicht oder wenigstens nicht primär auf der formalen Ebene

8. *K. Wegenast:* Religionsdidaktik Grundschule. Voraussetzungen, Grundlagen, Materialien, Stuttgart u. a. 1983, S. 57.
9. Vgl. u. a. *Chr. Reents:* Erziehung zu hermeneutischer Produktivität am Beispiel neutestamentlicher Gleichnisse, in: *dies.:* Kritisch-produktives Denken im Religionsunterricht, Gütersloh 1974, S. 23–83; *I. Fricken-schmidt:* Gleichnisse in der Grundschule. PTI XII (Redaktion: Dietrich Steinwede), Bad Godesberg 1980.

(z. B. Verstehen von bildhafter Rede; Verstehen, in welcher Weise Gleichnisse auf ihre Hörer wirken) gesucht oder verlagert werden. Das allgemeine Ziel, zum mehrdimensionalen Deuten und Denken zu befähigen, ist zunächst auf einzelne Lernschritte und das Inbeziehungsetzen zweier Ebenen zu begrenzen. Aspekte, die differenziertes historisches Denken fordern, sind auszuklammern.
Dringend angezeigt ist *Methodenvariation*, um Stereotypenbildung zu verhindern. Eine zentrale Bedeutung kommt entdeckenden und kreativen Methoden zu, die bei der Arbeit mit Gleichnissen im Vordergrund stehen sollten.[10] Das setzt voraus, daß Beispiele gewählt bzw. aufbereitet werden, die es den Schülern ermöglichen, von sich aus Beziehungen zwischen ihrer oder ihnen bekannten Situationen und denen des Textes zu suchen und/oder sich mit Personen der Erzählung zu identifizieren.
Da es im besonderen Maße darum geht, Gleichnisse als erfahrungsfördernde Lerngeschichten zu entdecken, können die wichtigsten dafür erforderlichen *Fähigkeiten, Fertigkeiten und Einsichten* durch sinnvolle, auf die konkrete Lerngruppe bezogene, bewegliche Arrangements in der konkreten Arbeit mit Gleichnissen gewonnen werden. Da jedoch ein Rückbezug auf Jesus von Nazareth als Gleichniserzähler einerseits und die Anbahnung eines metaphorischen Sprachverständnisses andererseits von grundlegender Bedeutung sind, können hier Vorarbeiten hilfreich sein. So sind elementare Kenntnisse über Jesus von Nazareth in verschiedener Hinsicht notwendige Voraussetzungen und wichtige Bezugsmöglichkeiten. Neuere Religionsbücher bieten hierfür Anregungen und Grundlagen.
Um die in der Arbeit mit Gleichnissen enthaltenen Lernchancen optimal zur Geltung zu bringen, liegt die wichtigste didaktische Aufgabe in der richtigen Bestimmung des Spannungsverhältnisses von *Offenheit und Planung*.
Da *diese* Bestimmung jedoch entscheidend von der konkreten Lerngruppe und den allgemeinen Unterrichtsbedingungen abhängig ist, sind die in den Beispielen gegebenen Anregungen jeweils von diesem Aspekt her zu überdenken. In einer offenen Unterrichtsplanung sorgt in der Regel die von kreativen Prozessen ausgehende Dynamik dafür, daß eine gewisse Unabgeschlossenheit erhalten bleibt. Dies ist von

10. Vgl. Chr. Reents, a. a. O., S. 24.

Bedeutung, damit den einzelnen Schülern eine eigene Verhältnisbestimmung möglich bleibt.

3. Leitfragen für die Unterrichtsplanung

Folgende Fragen können dazu als Reflexionsmöglichkeiten herangezogen werden:

- Wie wird die Geschichte am günstigsten eingebracht und so erzählt, daß sie den Kindern bekannt wird und erste Denkanstöße eröffnet?
- Welche Denkanstöße enthält das Gleichnis für mich und möglicherweise für die Schüler?
- Auf welche den Schülern vertraute Situationen, Erfahrungen und Probleme läßt sich die mit Hilfe verschiedener kritischer Methoden gewonnene Redeabsicht eines Gleichnisses beziehen?
- Welche Sinnangebote, welche Wertung und Kritik der Alltagserfahrung enthält es?
- Welches Arrangement ist denkbar, damit die Schüler den metaphorischen Gehalt des Gleichnisses im Rahmen ihrer Sprachfähigkeiten möglicherweise aussprechen?
- Durch welche kreativen Aufgabenstellungen können Schüler Absicht und Impuls der Gleichnisrede selbst entdecken?
- Welche Möglichkeiten bieten sich, im Umgang mit der Geschichte spielerisch Identifikationsmöglichkeiten zu erproben?
- Welche Methoden eignen sich, die Perspektive des Gleichnisses als neues Orientierungsmuster, Beurteilungskriterium und/oder Handlungsimpulse spielerisch auf andere Geschichten zu übertragen oder anhand von alltäglichen Sachverhalten probeweise zu schaffen, d. h., wie lassen sich ansatzweise neue Erfahrungen damit machen?

C. *Beispiele – Modelle für den Unterricht*

Vorbemerkung zu den Beispielen

In didaktischen Zusammenhängen sind Gleichnisse wie jeder andere Inhalt der Tradition einem Auslegungsprozeß eigener Art auszusetzen, in dem die unterrichtliche Perspektive bei der Auseinandersetzung mit verschiedenen Deutungen immer schon mitbedacht wird. Die didaktischen Interessen kommen somit bereits bei der Rezeption der theologischen Auslegung zur Geltung.
Eine Durchsicht der Fachliteratur läßt erkennen, daß die einzelnen Auslegungstheorien sich bei den verschiedenen Gleichnissen in unterschiedlicher Weise bewähren. Aus dieser Beobachtung kann m. E. durchaus der Schluß gezogen werden, daß sich eine überzeugende Systematisierung, die allen neutestamentlichen Gleichnissen in gleicher Weise gerecht wird, nicht finden läßt. Dann aber fordert die Verschiedenheit der einzelnen Gleichnisse auch verschiedene Schwerpunkte hinsichtlich der Interpretationsmethode.
Von der Prämisse her, daß es »keinen einzig richtigen Weg gibt, der den Zugang zu den Gleichnissen eröffnen würde ...«[1], werden in den einzelnen Beispielen probeweise verschiedene Auslegungsschwerpunkte gewählt und es wird versucht, ihnen didaktische Anregungen im Kontext erfahrungsnaher religionspädagogischer Arbeit zu entnehmen. Obwohl die Auslegungsbeispiele zum Teil eigene Akzente haben, liegt der Anspruch nicht darin, den verschiedenen vorliegenden Interpretationen neue hinzuzufügen, sondern anhand konkreter Beispiele eine gewisse Orientierung über die gegenwärtige Diskus-

1. *W. Wink:* Bibelarbeit – ein Praxisbuch für Theologen und Laien, Stuttgart 1982.

sionslage, verschiedene Ansätze und ihre didaktischen Möglichkeiten zu geben.
Wenn also in den folgenden Beispielen unterschiedliche methodische Zugänge gewählt werden bzw. verschiedene Fragestellungen mit unterschiedlichem Gewicht eingebracht werden, dann hat das vor allem folgende Gründe:

a) Bestimmte methodische Zugänge erweisen sich bei den verschiedenen Gleichnissen als besonders fruchtbar (z. B. sozialgeschichtliche Interpretation von Matthäus 20).
b) Durch den gewählten Zugangsschwerpunkt lassen sich jeweils besondere didaktische Impulse gewinnen. Z. T. werden verschiedene (theoretisch durchaus kontroverse) Zugänge miteinander verknüpft, die sich im konkreten Auslegungsprozeß als komplementär erweisen.

Neben verschiedenen Interpretationsansätzen werden in den einzelnen Beispielen jeweils unterschiedliche Schwerpunkte bei den methodischen Arbeitsformen gesetzt.
Bei der folgenden Auswahl überwiegen die größeren Gleichniserzählungen, die im Religionsunterricht der Grundschule wegen ihrer besonderen Anschaulichkeit viel verwendet werden. Angehängt sind einige sog. Wachstumsgleichnisse (Westermann), die sich besonders als Grundlage und Anregung selbständiger kreativer Entfaltung eignen.

1. Die Erzählung vom barmherzigen Samaritaner – Lukas 10,25–37

25 Und siehe, ein Gesetzeslehrer stand auf und fragte
ihn, um ihn auf die Probe zu stellen: »Meister, was muß
ich getan haben, um dereinst das ewige Leben zu er-
ben?« 26 Er fragte dagegen: »Was steht darüber im
Gesetz geschrieben? Wie liest du es da?« 27 Er ant-
wortete: »Du sollst den Herrn, deinen Gott, lieben mit
deinem ganzen Herzen, mit deiner ganzen Seele, mit
deiner ganzen Kraft und mit allen deinen Gedanken,
und deinen Nächsten wie dich selbst.« 28 Er sagte dar-

auf: »Du hast richtig geantwortet: Tue das, so wirst du leben.«
29 Er aber wollte sich selbst ins Recht setzen und sagte zu Jesus: »Und wer ist mein Nächster?« 30 Das griff Jesus auf und sagte:
»Ein Mann ging von Jerusalem hinab nach Jericho. Da wurde er von Räubern überfallen. Die zogen ihn aus, schlugen ihn und machten sich davon und ließen ihn halbtot liegen. 31 Nun kam zufällig ein Priester auf demselben Wege herab; der sah ihn und ging an ihm vorüber. 32 Ebenso ein Levit: Er kam zu der Stelle, sah ihn und ging vorbei. 33 Ein reisender Samariter jedoch kam auch an ihm vorbei, der sah ihn und erbarmte sich, 34 lief herzu, goß Öl und Wein auf seine Wunden und verband sie ihm; dann setzte er ihn auf sein Tier, brachte ihn zu einer Herberge und sorgte für ihn. 35 Am nächsten Morgen zog er zwei Silbermünzen heraus, gab sie dem Wirt und sagte: ›Sorge für ihn. Und was du mehr brauchen solltest, will ich dir geben, wenn ich wieder zurückkomme.‹
36 Was meinst du: Wer von diesen Dreien ist dem zum Nächsten geworden, der von den Räubern überfallen war?« 37 Er antwortete: »Der die Barmherzigkeit an ihm getan hat.« Da sagte Jesus zu ihm: »So geh auch du hin und tue genauso!«[2]

Die Geschichte gehört wohl zu den bekanntesten biblischen Gleichnissen überhaupt. Sie wirkt auf den ersten Blick einfach und enthält doch so eine Tiefgründigkeit und Vielschichtigkeit, daß die Auseinandersetzung darüber wohl kaum zu einem Abschluß kommen kann. Es ist eine Geschichte, die deutliche Spuren in der Lebenswelt des Christentums hinterlassen hat und die immer wieder zur Begründung und Unterstützung verschiedenster Meinungen über die richtige Theorie und Praxis des Christseins angeführt wird. Der Samaritaner wurde zu

2. Aus: Das Neue Testament, übersetzt von Ulrich Wilckens (GTB Siebenstern 199 ohne Kommentar) 2. Aufl., Gütersloh 1976.

der Ausdrucksform christlicher Nächstenliebe und zum Prototyp (Urbild) christlicher Diakonie. Obwohl es dafür keine Hinweise im Text gibt, wurde schon in der frühen Kirche eine Analogie zwischen dem Samaritaner und Jesus Christus hergestellt – ein Erklärungsmodell, das sich anbietet und in der Auslegungsgeschichte immer wieder erneuert wurde.[3] Eine gewaltige Predigt der Humanität nennt Ragaz die Erzählung und sieht in ihr ein Beispiel für den grenzenlosen Humanitätsanspruch des christlichen Glaubens gegen jede dogmatische Engführung. Der mehr oder weniger antiklerikale Zug der Erzählung dient nicht selten zur Unterstützung von Einwänden gegen die Amtskirche. Schließlich wird die Geschichte gern herangezogen im Streit um die Frage, ob christliche Liebe individuell und/oder strukturell zu sein habe.

In der von Jülicher begründeten Formdifferenzierung der Gleichnisse (siehe oben) gilt die Samaritanererzählung neben Lukas 12,16–21; 16,19–31 und 18,10,9–14 als Beispielerzählung, in der die zur Debatte stehende Sache durch einen besonders günstig gewählten Einzelfall (Musterfall) veranschaulicht und damit dem Hörer der behauptete Sachverhalt plausibel gemacht wird.

Während der überwiegende Teil der Ausleger Jülicher in dieser Klassifizierung folgt, bestreitet Harnisch im Anschluß an J. D. Crossan das Recht einer eigenen Klassifizierung biblischer Gleichnisse als Beispielgeschichte und rechnet sie den dramatischen Gleichniserzählungen zu.[4]

Relativ einheitlich wird in der neueren Auslegung der Abschnitt Lukas 10,25–37 als Komposition aus zwei ursprünglich selbständigen Teilen (V. 25–28 und 29ff.) verstanden. Die Frage: »Wer ist mein Nächster (Gefährte)?«, konkreter: »Wie weit reicht die von der Thora auferlegte Verpflichtung zur Liebe?«, dürfte für das Judentum zur Zeit Jesu eine echte Streitfrage gewesen sein,[5] während die allgemeine Verpflichtung zur Gottes- und Nächstenliebe gemeinsame Überzeugung war. Es kann durchaus angenommen werden, daß die Frage nach

3. Vgl. *K. Barth:* Die Kirchliche Dogmatik 1/2, 4. Aufl., Zürich 1970, S. 468ff., sowie u. a. viele Beispiele aus der Buchmalerei.
wird.[1]

4. *W. Harnisch:* Die Gleichniserzählungen Jesu (UTB 1343), Göttingen 1985.

5. Vgl. J. Jeremias, 1962, S. 201.

der Reichweite der Nächstenliebe schon in den ursprünglichen Erzählzusammenhang hineingehört. Aber nur der Tatsache, daß diese Frage auch für die frühe christliche Gemeinde von Bedeutung war, dürfte die Überlieferung mit diesem Rahmen zu verdanken sein.[6]
Ein besonderes Problem des Textes, an dem sich viele Exegeten abgearbeitet haben, ist die Frage nach der Bedeutung der Umkehrung bzw. Veränderung der ursprünglichen Fragestellung. Während der Gesetzeskundige im Vers 29 fragt: »Wer ist mein Nächster?«, fragt Jesus am Ende der Erzählung im Vers 36 danach, wer dem *Überfallenen* der Nächste gewesen ist, d. h., wer als Nächster gehandelt hat. So haben schon Jülicher u. a., neuerdings Harnisch, eine literarkritische Erklärung versucht, um die vermeintliche Unlogik des Argumentationszusammenhanges zu begründen.[7] Gerade in dieser Verschiebung der Sicht scheint jedoch die eigentliche Absicht bzw. Pointe der Erzählung zu liegen.[8] Vers 36 soll kein Lehrsatz sein, der die Frage aus Vers 29 wiederaufnimmt. Diese ist vielmehr durch das Gleichnis selbst beantwortet.[9] Das Gleichnis als Ganzes veranschaulicht, daß die Frage in dieser Form unangemessen ist, und überholt sie gewissermaßen durch eine vertiefende Betrachtung eines konkreten Falles von Nächstenliebe. Dabei wird der Blick des Fragenden auf die Perspektive des Hilfsbedürftigen gelenkt. Er wird veranlaßt, die von ihm angeschnittene Problemstellung von den Erfahrungen dessen her zu betrachten, »der unter die Räuber« gefallen ist.
»Wen muß *ich* lieben, wie weit reicht die von der Thora geforderte Verpflichtung zur Liebe?« erweist sich angesichts der Wirklichkeit als unsachgemäße Frage und falsche Einstellung.
E. Cardenal schlägt in einer situationsbezogenen Auslegung vor, das Wort »Nächster/Gefährte« durch »Kamerad« zu ersetzen, weil dadurch die Wechselbeziehung zwischen den Personen deutlicher wird.[10]

6. Vgl. *E. Linnemann:* Gleichnisse Jesu. Einführung und Auslegung, 7. Aufl., Göttingen 1978, S. 145.
7. Vgl. W. Harnisch, 1985, S. 289.
8. Vgl. u. a. *K. Sorger:* Gleichnisse im Unterricht, Düsseldorf 1980, S. 109.
9. Vgl. E. Linnemann, 1978, S. 61.
10. Vgl. *E. Cardenal:* Das Evangelium der Bauern von Solentiname, Bd. 3, (GTB Siebenstern 349), Gütersloh, 3. Aufl. 1981, S. 68.

Es entspricht dem Gefälle der Geschichte, »Nächstenliebe« nicht als einseitigen Akt, sondern als Interaktion zu begreifen.
Im Gang der Erzählung haben Priester und Levit die Rolle der Statisten. Für einen Zuhörer der Zeit Jesu gelten sie vermutlich nicht als Personen, an die man besondere positive Erwartungen hat. Weder ist ihre kultische Aufgabe mit den heutigen Priestern und Kirchenangestellten zu vergleichen, noch die damalige Oberschicht, der sie sicher zuzurechnen sind, mit der unsrigen. Ob die gelegentlich vorgebrachte Entlastung, das Anfassen eines Halbtoten hätte sie nach den kultischen Gesetzen für den Tempeldienst »unrein« gemacht, hineingedeutet werden darf, ist umstritten.[11]
Es ist m. E. durchaus möglich, daß Priester und Levit hier eingeführt werden, weil diese Gruppen einfach häufige Benutzer dieses Weges zwischen Jerusalem und Jericho sind. Sie sind somit vermutlich als Helfer weder besonders ungeeignet noch besonders prädestiniert.[12]
Die Erzählung berichtet lapidar, daß beide sich vom Anblick des Überfallenen nicht anrühren lassen. Ob es sich dabei um das Faktum einer »unglaublichen Gleichgültigkeit«[13] oder ein erklärbares Verhalten handelt, mag zu immer neueren Diskussionen Anlaß geben. Sicher wird hier aber auf die alltägliche Erfahrung angespielt, daß Hilfsbedürftigkeit zwar gesehen, aber nicht als Aufforderung zum Handeln wahrgenommen wird.
Das ganze Arrangement von Ort und Personen ist so aufgebaut, daß sich dem Hörer aufdrängt, in dem Überfallenen einen jüdischen Mitbürger zu sehen, mit dessen Lage er sich identifizieren kann. Nach Priester und Levit erwartet der Zuhörer als dritten vermutlich einen jüdischen Laien. Eine scharfe Zuspitzung liegt nun darin, daß ausgerechnet ein Samaritaner die notwendige Hilfe bringt und der überfallene Jude somit sein Überleben gerade dem Sachverhalt verdankt, daß der Samaritaner nicht von einer möglichen Abgrenzung des »Nächstenproblems« Gebrauch macht.
Mit der Einführung des Samaritaners in die Geschichte verbindet sich für den Zuhörer die Assoziation einer allgemein problematischen Beziehung und ein Verhältnis durchgehender wechselseitiger Abneigung. Sowohl für das theologische Verständnis als auch für die

11. Vgl. J. Jeremias, 1962, S. 202.
12. Anders: W. Harnisch, 1985, S. 274.
13. A. a. O., S. 275.

didaktische Arbeit mit diesem Gleichnis ist das Erfassen in dieser spannungsgeladenen Polarisierung von besonderer Bedeutung.

Die Samaritaner sind ein Mischvolk, das sich in Abkehrung vom Jerusalemer Tempel eine eigene Kultstätte auf dem Berg Garizim bei Sichem (heute Nablus) geschaffen hat, wo der kleine Rest dieser Gruppe auch heute noch opfert. Sie gelten den frommen Juden als Abweichler vom wahren Glauben und werden trotz einer Fülle von Gemeinsamkeiten praktisch mit den Heiden gleichgestellt. In der neutestamentlichen Zeit war das Verhältnis haßbestimmt, man pflegte keinen Umgang (vgl. Johannes 4,9b).
In den Synagogen wurden die Samaritaner öffentlich verflucht. Umgekehrt hatten Samaritaner wenige Jahre vor Christi Geburt den Tempelplatz durch Ausstreuen von menschlichen Gebeinen verunreinigt und damit eine jüdische Passahfeier unmöglich gemacht.[14]

Ausgerechnet an der Person eines Samaritaners wird nun die angemessene Reaktion auf die vorliegende Situation vorgeführt: Er nimmt die Not des Überfallenen wahr und läßt sich von der wahrgenommenen Hilfsbedürftigkeit zu überlegter und sachgerechter Hilfeleistung anstiften, die betont ausführlich geschildert wird. An die Beschreibung dieses Vorgangs, in dem eine abgelehnte Person »mit dem Herzen sieht und mit dem Verstand handelt«, schließt sich die Aufforderung zur Nachahmung als eine konsequente Schlußfolgerung der in dieser Erzählung enthaltenen Argumentation an. Das schließt allerdings ein, daß der Hörer sein Abgrenzungsbedürfnis, seine Haßprojektion und Polarisierung als hinderlich wahrnimmt.
Nach diesem Durchgang, der sich wesentlich auf die Ergebnisse historisch-kritischer Fragestellung stützt, soll der Versuch einer tiefenpsychologischen Interpretation gemacht werden. Dabei ist zunächst die Ausgangslage unter die Lupe zu nehmen, um einen Hinweis auf das Grundproblem bzw. auf den Konflikt zu erhalten, den diese Erzählung thematisiert.
Daraus, daß eingangs der Überfallene als »halbtot« bezeichnet wird, ergibt sich, daß es hier um die Frage geht, wovon in dieser Grundsituation des Lebens die Entscheidung für Leben oder Tod, die Ermöglichung des weiteren Lebens abhängig ist. In der Dramatik der Erzählung erweisen sich zwei Begegnungen als fruchtlos. Zwei Personen,

14. Vgl. E. Linnemann, 1978, S. 60, und W. Harnisch, 1985, S. 276.

die potentiell Hilfe leisten könnten, kommen in der geschilderten Situation als Hoffnungsmomente in den Blick. Diese Hoffnungen erweisen sich angesichts der kritischen Lage als Illusionen. Wie in vielen Märchen und mythischen Erzählungen bringt erst die dritte Begegnung die Wende. Wenn man die kleinen Erzählnuancen beachtet, fällt auf, daß die beiden ersten Personen (Priester und Levit) »zufällig« vorbeikommen, die dritte Person jedoch als jemand charakterisiert wird, der »unterwegs« ist. Damit wird eine gewisse Offenheit der Grundsituation angedeutet. Der Personenkonstellation können ebenfalls bestimmte Bedeutungen zugeschrieben werden. Priester und Levit repräsentieren – unabhängig von ihrem konkreten Ansehen – Gesetz und Tradition, der Samaritaner den Häretiker, den Abweichler von der wahren Lehre. Für ihn gilt nach religionsgeschichtlicher Erfahrung und sozialpsychologischer Einsicht, daß auf ihn alles Negative projiziert wird, das die eigene Gruppe belastet und daß er als abgespaltener Teil meistens radikaler abgelehnt und bekämpft wird als der wirkliche Feind. Im äußeren Verlauf der Geschichte, auf der Objektebene, beginnt die lebensfördernde Wende und die Heilung des vom Mitmenschen zugefügten Schadens durch sinnvolle Aktivität eines Repräsentanten einer zutiefst abgelehnten Personengruppe. Versucht man das Geschehen auf der Subjektebene als innerpsychisches Geschehen zu begreifen, dann übernimmt die nicht gelebte und abgelehnte Seite der Person die Initiative in der Krisensituation und ermöglicht dadurch das Weiterleben des Ganzen. »Tue desgleichen«, heißt dann: Bleibe nicht vor der dritten Begegnung stehen und laß die not-wendende Aktivität deiner ungenutzten und verachteten Möglichkeiten zu, damit die bedrohliche Abgrenzung zugunsten eines auf Leben hin orientierten Prozesses überwunden wird.

Durch Menschen verursachtes Leid und die damit verbundenen negativen Erfahrungen werden im Vollzug der not-wendenden Zuwendung zum bisher »feindlichen« Gegenüber durch lebensfördernde Erfahrungen überholt.

Auch durch den tiefenpsychologischen Zugang wird das Personenarrangement der Erzählung plausibel. Außerdem wird der zuweilen in den Interpretationen als unlogisch und problematisch bezeichnete Perspektivenwechsel (Vers 36) verständlich, weil der charakterisierte Heilungsprozeß eine Doppelperspektive bekommt. Er geschieht einerseits durch eine von richtiger Wahrnehmung ausgelöste sinnvolle Hilfe und andererseits durch die Einsicht in eine wichtige Bedingung dieser Wahrnehmung. Diese neue Sicht wird möglich durch das Geltenlassen bzw. zur Geltung-Kommen-Lassen eines anderen, das bisher die Gestalt eines abgelehnten (inneren und / oder äußeren) Gegenübers hatte. Zugleich wird damit die der lukanischen Redaktion zugeschriebenen Rahmenthematik weitergetrieben. Ewiges (wahres) Leben hängt von dem Kriterium einer gelungenen Verschränkung von Gottes-, Selbst- und Nächstenliebe ab und entscheidet sich u. a. an der gelingenden Selbst- und Fremdwahrnehmung, zu der die Geschichte selbst einen Beitrag leisten will.

Hinweise für den Unterricht

Die Auslegungsskizzen könnten den Eindruck erwecken, daß Grundschüler möglicherweise überfordert sind, wenn ein theologisch sachgemäßes Verständnis angestrebt wird oder wesentliche Aspekte dieser Interpretation im Unterricht erarbeitet werden sollen. Dies könnte zutreffen, wenn die Zielsetzung im wesentlichen auf der kognitiven Ebene gesucht wird. Daher wird im folgenden Vorschlag versucht, durch verschiedene methodische Arrangements Impulse für die Auseinandersetzung mit dem Gleichnis zu ermöglichen, die auch die affektive Ebene mit einbeziehen.

Bei diesem Gleichnis besteht in besonderer Weise die Gefahr, daß es zur Illustration des Mottos: »Seid nett zueinander« verkommt. Das kann vor allem dann geschehen, wenn die Brisanz, die in der Personenkonstellation steckt, nicht beachtet wird. Dann entsteht leicht der Eindruck, es handle sich »nur« um das Beispiel einer besonders anschaulichen – aber eigentlich selbstverständlichen – Hilfeleistung.

Daß der Samaritaner zur gegebenen Zeit das Notwendige tut ist nur ein Aspekt der Geschichte. Der andere Aspekt liegt darin, daß dem fragenden Gesetzeslehrer nur »geholfen« werden kann, wenn er seine Beziehung und Einstellung zu den Samaritanern – von denen er sich am liebsten radikal abgrenzen möchte – verändert. Aus diesem Doppelaspekt ergibt sich die Notwendigkeit, den dem Gleichnis vorangehenden Dialog (allerdings in vereinfachter Fassung) auf jeden Fall mit einzubeziehen.

Da der Bekanntheitsgrad der Erzählung dazu führen kann, daß einzelne Schüler mit Abwehräußerungen reagieren, ist es angezeigt, bereits die einführende Darbietung der Geschichte etwas zu »verpakken«.

Von entscheidender Bedeutung für das Gesamtverständnis ist es, daß das Verhältnis zwischen Juden und Samaritanern verständlich und auch emotional nachvollziehbar wird. Von daher ergibt sich als besonderes Problem die Frage nach heute möglichen Vergleichsgruppen. Da es vermutlich nicht möglich sein wird, für Gefühl und Einstellung aller Schüler gültige Vergleichsgruppen zu finden, ist es wahrscheinlich angemessener, die Klasse ihre »Samaritaner« selbst finden zu lassen.

Am Anfang könnte der Hinweis oder, falls bekannt, die Erinnerung daran erfolgen, daß zur Zeit Jesu in Palästina zwei Gruppen lebten, die nichts miteinander zu tun haben wollten:

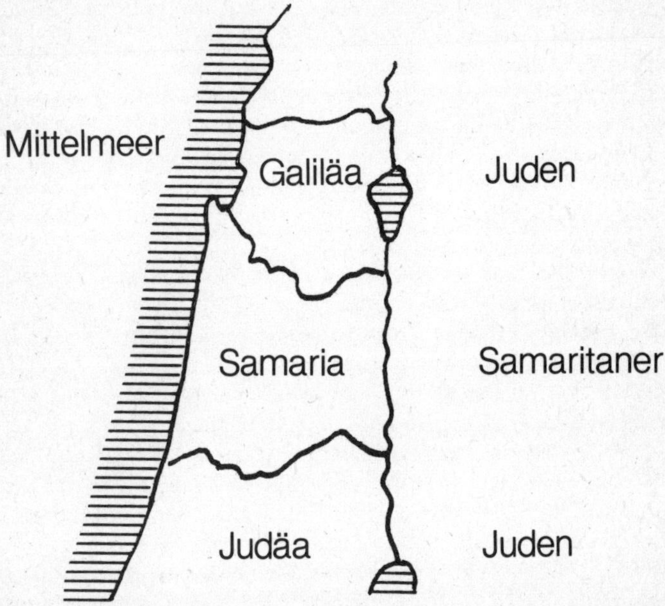

Juden und Samaritaner hielten sich gegenseitig für schlechte Menschen. Wenn sie unterwegs waren, machten sie lieber einen Umweg als durch das Land der anderen zu gehen. Weil sie in verschiedenen Tempeln beteten, sagten sie voneinander: »Die haben den falschen Glauben, Gott mag sie nicht!« Sie sahen sich gegenseitig nur in einer bösen Maske.

Um diese Konstellation möglichst eingehend zu vergegenwärtigen, kann man die Klasse nun willkürlich in zwei Teile aufteilen und beide Gruppen durch äußere Kennzeichen (z. B. rote und grüne Papiermützen, verschiedenfarbige Klebestreifen o. ä.) gegeneinander abheben. Nun bekommen alle den Auftrag, aus einem einfachen Papierblatt (Din A4) eine möglichst häßliche Gesichtsmaske anzufertigen.

Falls es sich organisieren läßt, empfiehlt es sich, dieses Arbeiten mit Masken durch Kooperation mit Kunst- und ggf. dem Deutschunterricht vorbereiten zu lassen.
Im Kunstunterricht könnte die Technik des Maskenbauens mit verschiedenen Ausdrucksformen vorbereitet, im Deutschunterricht der damit verbundene Sprachgebrauch erarbeitet werden (z. B.: »sich hinter einer Maske verstecken/verbergen«; »ein Gesicht wie eine Maske haben« u. a.).

Wenn die Masken fertig sind, sollte die Sitzordnung so angelegt werden, daß sich die Gruppen gegenseitig sehen können. Dann legt zunächst die eine Gruppe ihre Maske an und die andere wird aufgefordert, laut auszusprechen, wie abstoßend und häßlich sie die »Samaritaner« sehen. Anschließend kann man die »Samaritaner« bitten, ihre Empfindungen zu artikulieren. Dann kann das Ganze umgekehrt wiederholt werden. Jetzt tragen die »Juden« Masken und die »Samaritaner« keine.
Möglicherweise wird durch diese Übung deutlich, wie ungerecht man sich von der jeweils anderen Gruppe behandelt fühlt und wie positiv es ist, »ohne Maske« gesehen zu werden.
Durch die Frage, wie es ist, wenn man die andere Gruppe nur mit Masken bzw. ohne Masken sieht, können Gefühlsäußerungen angeregt und evtl. an der Tafel festgehalten werden. Wenn auf diese Weise ein gefühlsmäßiger Eindruck der wechselseitigen Beziehung zwischen Juden und Samaritanern entstanden ist, kann die Erzählung selbst in den Blick genommen werden. Neben der Präsentation als Lehrererzählung besteht eine bessere Möglichkeit in dem folgenden Verfahren: Die beiden Schülergruppen bilden mit ihren Masken und Papierhüten bzw. Schildern jeweils getrennte Tischgruppen (je zwei bis fünf Schüler). Diese erhalten dann die Aufgabe, die in Streifen

geschnittene Geschichte als Textpuzzle zusammenzulegen.[15] Bei der Vorbereitung ist dem Lehrer dabei ein »Versehen« unterlaufen. Ein bis zwei Zeilen aus der Mitte des Textes sind jeweils in den einzelnen Gruppen doppelt vorhanden und müssen jeweils mit einer der »gegnerischen« Gruppen ausgetauscht werden, damit die vollständige Geschichte zusammengelegt werden kann.

Die Liebe zu Gott und den nächsten Mitmenschen war für fromme Juden das allerwichtigste Gebot. Wer aber war zu diesen nächsten Mitmenschen zu rechnen und wer nicht? Ein kluger Mann, der sich schon viele Gedanken darüber gemacht hatte, wollte diese Frage von Jesus beantwortet haben: »Wen von meinen Mitmenschen muß ich lieben und wen nicht?«
Da erzählte ihm Jesus eine Geschichte: »Du kennst den Weg von Jerusalem nach Jericho! Er führt durch eine einsame und wüste Gegend und ist sehr gefährlich. Eines Tages geht ein Mann diese Strecke und wird von Straßenräubern überfallen und ausgeraubt. Es ist ein Jude. Schwer verletzt liegt er nun dort am Wegesrand und kann sich nicht mehr selber helfen. Da kommt ein Priester vorbei, der in Jerusalem im Tempel geopfert hat, sieht ihn und geht weiter. Einige Zeit später nimmt ein Levit, ein Tempeldiener, ebenfalls diesen Weg. Auch er sieht ihn und geht weiter. Schließlich kommt ein reisender Samaritaner vorbei. Sobald er sieht, wie der Mann halbtot daliegt, bekommt er Mitleid und versorgt seine Wunden. Dann setzt er ihn auf sein Reittier, bringt ihn in eine Herberge und pflegt ihn dort weiter. Am anderen Tag gibt er dem Wirt Geld und sagt: »Kümmere du dich nun um diesen Mann. Wenn das Geld nicht reicht, werde ich dir den Rest bezahlen, wenn ich wiederkomme.«

Sobald alle Gruppen die ganze Geschichte zusammengelegt haben, sollte sie vorgelesen werden. Im anschließenden Kreisgespräch wird die Möglichkeit zu Fragen und freien Äußerungen gegeben. Gegebe-

15. Vgl. zur Methode: *W. Longardt:* Spielbuch Religion, Zürich u. a. 1984, S. 30f. und 124.

nenfalls kann nach der Bedeutung der Masken und Farben für die Erzählung gefragt werden.
In einem weiteren Schritt ist es sinnvoll, die Darstellung der Erzählung im Spiel vorzubereiten und durchzuführen. Die Schüler bekommen die Aufgabe, neue – nach Farben gemischte – Gruppen zu bilden und sich zu überlegen, ob und wie Masken und Hüte als Requisiten benutzt werden könnten. Falls die Schüler nicht von selbst darauf kommen, kann der Lehrer zu überlegen geben, ob es nicht sinnvoll sei, daß einzelne Personen bzw. Szenen mit den Farben und Masken und andere ohne gespielt werden.
Es kommt nicht so sehr darauf an, daß die eine oder andere richtige Lösung gefunden wird. Wichtiger ist, daß sich die Schüler mit dem Arrangement überhaupt auseinandersetzen und sich gegenseitig korrigieren.
Im Anschluß daran kann nun der bisher vorenthaltene Schluß (das Gespräch zwischen Jesus und dem Gesetzeslehrer) aufgenommen werden. Möglicher Impuls: Jesus fragt: »Wer ist dem Überfallenen zum Mitmenschen geworden?« Vielleicht fällt einigen Schülern sogar auf, daß die Frage hier anders lautet als am Anfang der Erzählung. In manchen Klassen mag es auch möglich sein, die verschiedenen Fragen am Anfang und am Schluß gegenüberzustellen.
Eine weitere Vertiefung ist möglich durch die Bearbeitung der Frage, welche Gruppen für uns heute »Samaritaner« sein können (Sammeln an der Tafel, Abstimmung der Schüler). Weitere Möglichkeiten der Vertiefung (z. T. auch in arbeitsteiliger Gruppenarbeit möglich):

- Interessante Aspekte ergeben sich aus der Aufgabe, die Erzählung jeweils aus der Perspektive der verschiedenen Betroffenen nachzuerzählen. Welche Perspektive ist für das Verständnis am wichtigsten?
- Erarbeitung des Zugangs zur Erzählung: H. v. Gebhardt: Koschka und der Blinde, in: Vorlesebuch Religion 1, S. 190. Koschka möchte eigentlich zu dem neu hinzugezogenen blinden Mann Distanz halten. – Das Unbekannte und Fremde (hier: das Blindsein) macht unsicher und hat Konsequenzen im Verhalten. – Dann hilft Koschka dem Mann jedoch spontan.
  In der Besprechung der Geschichte sind zunächst die Gründe für die Ablehnung zu suchen. Danach ist nach der Ursache zu fragen, warum er schließlich doch hilft. Die Begründungen können jeweils durch Kleingruppen vorbereitet und dann gesammelt werden.

Möglich ist auch ein Rollenspiel, in dem Koschka durch zwei Spieler dargestellt wird, die als zwei Seiten in ihm ein Selbstgespräch führen. Anschließend kann die Erzählung vom barmherzigen Samaritaner als Vergleichsgeschichte eingebracht werden …

- Entwurf und Spiel eines Rundfunkinterviews mit dem Überfallenen.
- Wie könnte eine Schlagzeile und eine Kurzmeldung in der Bild-Zeitung über diesen Vorgang aussehen?
- Anfertigung einer Collage in Gruppen mit der Überschrift: Unsere Mitmenschen.
- Konfrontation mit Gegenwartstexten. Beispiele in: K. Sorger: Gleichnisse im Unterricht, S. 111–115.
- Erarbeiten des Liedes »Ein Mann ging von Jerusalem …« (Nr. 47 in: G. Watkinson [Hg.]: 9 × 11 neue Kinderlieder zur Bibel, Lahr und Freiburg i. B. 1973).
- Vergleich der Erzählung mit: L. Tolstoj: Die drei Fragen, in: D. Steinwede: Märchen, S. 88 ff. und 176.
- Weitere Arbeitsvorschläge finden sich in: S. Berg: Lieder für das 1. bis 4. Schuljahr, Stuttgart und München 1978, S. 18 f. und 69, sowie dieselbe: Szenen für das 1. bis 4. Schuljahr, Stuttgart und München 1981, S. 37–39.
- Möglicher Impuls: Jesus sagt am Ende der Erzählung: »Geh hin und tue desgleichen!« – Kann man eigentlich lernen, »Samaritaner zu werden«?

2. *Die Erzählung von den Arbeitern im Weinberg – Matthäus 20,1–16*[16]

1 »Denn: Das Himmelreich ist einem Hausherrn gleich, der in der Frühe ausging, um Arbeiter für seinen Weinberg anzuwerben. 2 Er einigte sich mit den Arbeitern auf

[16]. Die Darstellung ist eine leicht überarbeitete Fassung meines Aufsatzes: ». . . aber ungerecht ist es trotzdem!« - Ein biblisches Gleichnis als Herausforderung zu solidarischem Denken und Handeln, in: Praxis Deutsch 53 (1982), H. 5, S. 26–29.

einen Tageslohn von einem Denar und schickte sie dann in seinen Weinberg. 3 Als er um neun Uhr wieder auf den Markt kam und dort andere untätig herumstehen sah, 4 sagte er zu ihnen: ›Geht ihr auch in meinen Weinberg. Ich will euch dann geben, was recht ist.‹ 5 Und sie gingen hin. Dann kam er nochmals um zwölf und um drei Uhr und verfuhr in derselben Weise. 6 Als er um fünf Uhr kam, fand er andere herumstehen und sagte zu ihnen: ›Was steht ihr hier den ganzen Tag untätig herum?‹ 7 Sie entgegneten: ›Uns hat niemand angeworben.‹ Da sagte er: ›Dann geht auch ihr in meinen Weinberg!‹ 8 Als es dann Abend geworden war, sagte der Herr zu seinem Verwalter: ›Rufe die Arbeiter und zahle ihnen ihren Lohn aus, angefangen bei den letzten bis hin zu den ersten!‹ 9 Da traten die um fünf Uhr Angeworbenen heran und empfingen je einen Denar. 10 Und als die ersten an die Reihe kamen, dachten sie, sie würden mehr bekommen; doch auch sie erhielten das gleiche: je einen Denar. 11 Als sie den bekamen, begehrten sie auf gegen den Herrn 12 und sagten: ›Die letzten hier haben nur eine Stunde gearbeitet, und du hast sie uns gleichgestellt, die wir die ganze Last der Tagesarbeit und die Hitze getragen haben!‹ 13 Er antwortete einem von ihnen: ›Freund, ich tue dir kein Unrecht. Hattest du dich nicht auf einen Denar mit mir geeinigt? 14 So nimm deinen Lohn und geh! Doch es ist mein Wille, diesem letzten hier das gleiche zu geben wie dir! 15 Sollte es mir nicht freistehen, mit meinem Eigentum zu machen, was ich will? Oder schaust du böse drein, weil ich so gütig bin?‹ 16 So werden die Letzten Erste und die Ersten Letzte sein.‹«[17]

Ein besonderer Reiz dieses Gleichnisses liegt in dem hier zutage treten-

17. Aus: Das Neue Testament, übersetzt von Ulrich Wilckens, 2. Aufl. der Taschenbuchausgabe ohne Kommentar (GTB Siebenstern 199), Gütersloh 1976.

den offensichtlichen Gegensatz zu herrschenden Einstellungs- und Verhaltensweisen, der zu einer kritischen Betrachtung der eigenen Bewertungs- und Wertmaßstäbe sowie der Handlungsorientierung herausfordern kann.

Wenn das Gleichnis ohne den größeren Kontext des Matthäusevangeliums betrachtet werden soll, stellt Vers 16 ein Problem dar, weil er bei einer vordergründigen Betrachtung zu dem Schluß verleiten kann, es ginge hier um eine prinzipielle Umkehrung überkommener Wertungen. Der von vielen Auslegern (u. a. Bultmann) als späterer Zusatz verstandene Vers wird in der folgenden Betrachtung weggelassen, obwohl die Einwände dagegen inzwischen relativiert wurden.[18]

Die in Vers 1 von Matthäus angesprochene Vergleichsgröße »Himmelreich« (Herrschaft des Himmels) ist eine Umschreibung für die Herrschaft Gottes, die nach der Überzeugung der christlichen Gemeinde mit Jesu Auftreten zeichenhaft angebrochen ist. Matthäus vermeidet im Anschluß an die jüdische Tradition, »Gott« unmittelbar zu benennen und verwendet dementsprechend nicht den sonst üblichen Begriff »Reich Gottes«.

Darunter ist keine von der Welt getrennte Wirklichkeit zu verstehen, sondern die zunächst noch verborgene Herrschaft Gottes, von deren Wirkung das Verhalten der christlichen Gemeinde schon in der Gegenwart bestimmt sein soll. Die weitgehend üblich gewordene Einordnung dieses Gleichnisses als »Parabel« ist nicht mehr unumstritten. Deutlicher als andere stellt Luise Schottroff[19] unter Heranziehung sozialgeschichtlicher Materialien heraus, daß die Einzelzüge der Gleichniserzählung ihre Entsprechung in der sozialen Alltagswelt der Zeit der frühen Christenheit haben, die Erzählstrukturen selbst jedoch wesentlich durch die Redeabsicht bestimmt sind.

Erzählt wird von einem Weinbergbesitzer, der zur Erntezeit Aushilfsarbeiter (Tagelöhner) dingt, die auf dem Marktplatz auf Arbeitsangebote warten. Tagelöhner waren in ihren wirtschaftlichen Bedingungen in der Regel noch schlechter gestellt als Sklaven, da diese ja einen Besitz darstellten, der sich auf Dauer rentieren sollte, während das

18. Vgl. *L. Schottroff:* Die Güte Gottes und die Solidarität von Menschen, in: *W. Schottroff / W. Stegemann:* Der Gott der kleinen Leute, Bd. 2 (NT), München 1979, S. 71–93 (bes. 84ff.). Die weitere Darstellung entspricht weitgehend der hier dargestellten Interpretation.

19. Vgl. a. a. O., S. 70ff.

Verhältnis des Arbeitgebers zum Tagelöhner sich ausschließlich auf eine tageweise Beschäftigung beschränkte. Der Arbeitstag dauerte in der Regel von Sonnenauf- bis Sonnenuntergang (also ca. 12 Stunden), und mündliche Lohnvereinbarung am Morgen sowie die Auszahlung am Abend waren vermutlich die übliche Verfahrensweisen. Man kann davon ausgehen, daß der im Gleichnis genannte Betrag von einem Denar eine übliche Entlohnung darstellte. Es läßt sich jedoch schlecht ein Vergleichswert rekonstruieren, da sowohl die Lebenshaltungskosten als auch die durchschnittliche Häufigkeit unbekannt sind, mit der der Tagelöhner Arbeit findet und damit Lohn bekommt. Grundsätzlich ist davon auszugehen,daß die geschilderte Grundsituation die damalige Wirklichkeit trifft und selbst zur Erntezeit noch ein Überangebot an Arbeitskräften vorherrscht, so daß die Untätigkeit nicht als Faulheit interpretiert werden darf. Außerdem kann man annehmen, daß das Durchschnittseinkommen des Tagelöhners am unteren Rand des Existenzminimums lag. Dieser Sachverhalt kann dem ansonsten völlig von der Norm abweichenden Verhalten des Arbeitgebers eine gewisse Plausibilität geben.

Während mit den in der Frühe angeworbenen Arbeitern ein konkreter Lohn ausgemacht wird, bleibt die Abmachung bei den nächsten drei Gruppen ungenau und entfällt bei der letzten Gruppe völlig. Das mehrfache Anwerben wird von einigen Auslegern als ein wirklichkeitsfremdes Verfahren angesehen, das seinen eigentlichen Grund nur in der Erzählabsicht findet. Ob es sich dabei dennoch um eine unter dem Druck der Erntesituation durchaus übliche Weise handelt, sei dahingestellt. Auf jeden Fall konnte dieses Verhalten nicht völlig absurd sein, da die weitere Erzählung auf der Plausibilität dieses Verfahrens aufbaut.

Wie die Lohnabmachung mit der zweiten bis vierten Gruppe zu verstehen ist, bleibt unklar. Der weitere Verlauf der Erzählung setzt jedoch voraus, daß die Abmachung offengeblieben ist. Auf jeden Fall war eine stundenweise Entlohnung unüblich. Wichtig ist jedoch, daß mit den zuletzt angeworbenen Arbeitern gar keine Vereinbarung mehr getroffen wird und für die abschließende Konfrontation der Gegensatz zwischen den Ganztagsarbeitern und den Kurzzeitarbeitern in den Vordergrund rückt. Die Empörung der Langzeitarbeiter basiert darauf, daß sie bei der beobachteten Großzügigkeit gegenüber den zuletzt Gedingten erwarteten, daß sich der Arbeitgeber ihnen gegenüber entsprechend großzügig verhalten würde. Schließlich haben

jene nur etwa eine Stunde in der Abendkühle gearbeitet, sie jedoch zwölf Stunden in der Hitze des Tages.
Insgesamt läßt sich beobachten, daß die Erzähltendenz im zweiten Teil des Gleichnisses immer stärker von der Absicht bestimmt wird, die Besonderheit des Verhaltens des Arbeitgebers herauszustellen. Der Beginn der Lohnzahlung bei den zuletzt Angestellten macht die übrigen zu Beobachtern dieses abweichenden Verhaltens des Weinbergbesitzers und begründet ihre von der Abmachung abweichende Erwartungshaltung. Alles erzählte Geschehen hat Anhalt an der alltagsweltlichen Wirklichkeit. Nur in einem Punkt wird diese durchbrochen: Der Arbeitgeber verhält sich bei der Entlohnung absolut ungewöhnlich. Daß er das Verfügungsrecht über sein Eigentum hat und es also auch verschenken kann, ist selbstverständlich. Nur daß einer auch so verfährt, weicht von der üblichen Erfahrung völlig ab. Das Interesse dessen, der das Gleichnis darbietet, zielt auf die Verdeutlichung dieses Aspektes und auf eine von hierher argumentierende Auseinandersetzung.
Läßt sich die Auslegung insoweit aus dem Gleichnis selbst entnehmen, ist zur Erörterung der Frage, in welchem Zusammenhang das Gleichnis einen argumentativen Beitrag leisten soll, eine zusätzliche Information notwendig. Aus dem Rahmen der Erzählung läßt sich ableiten, daß das gütige Verhalten des Weinbergbesitzers auf die Güte Gottes hinweisen soll.

Für einige Ausleger ist damit zugleich das Ziel angedeutet, wenn etwa ausgeführt wird, daß im Gegensatz zu menschlicher Bewertung von Leistung und Lohn hier die souveräne Güte Gottes verkündigt wird.[20]
Ein anderer Ausleger sieht in dem Gleichnis die Illustration des Satzes: »So ist Gott, so gütig.« Das Gleichnis wird in seiner ursprünglichen Verwendungssituation von Jesus erzählt, um sein Verhalten gegenüber solchen Menschen zu verteidigen, die von den Frommen seinerzeit gemieden wurden.[21]
Andere interpretieren das Gleichnis als grundsätzliche Absage an jede Form von gesetzlicher (berechnender) Religion,[22] als allgemeine Belehrung darüber, daß in dem Miteinanderrechnen die tiefste Ursache für die Zerrissenheit unter

20. Vgl. *G. Bornkamm:* Jesus von Nazareth, 6. Aufl., Stuttgart 1963, S. 131.
21. Vgl. *J. Jeremias:* Die Gleichnisse Jesu, 6. neubearb. Aufl., Göttingen 1962, S. 138f.
22. So *H. Thielicke:* Das Bilderbuch Gottes. Reden über die Gleichnisse Jesu, Stuttgart 1962, S. 142 f.

den Menschen zu sehen ist,[23] als Absage an das vergleichende Lohndenken[24] oder als Ausdruck der Rechtfertigungsbotschaft (A. Jülicher).

Luise Schottroff weist überzeugend darauf hin, daß hier nicht abstrakt Lohndenken oder Gerechtigkeitsforderung kritisiert werden, sondern unbarmherziges, unsolidarisches Verhalten, das die Forderung nach Lohngerechtigkeit als Waffe gegen andere einsetzt. Das Gleichnis wendet sich an Menschen, die sich in der Gruppe der Langzeitarbeiter wiedererkennen können. Es lenkt ihre Aufmerksamkeit auf den *vorausgesetzten* Glauben an die umfassende Güte Gottes und versucht, ihnen durch die Erzählung argumentativ zu verdeutlichen, wie unangemessen ihre Reaktion auf diesem Hintergrund ist. »Das Gleichnis wirbt um die Solidarität von Menschen, die die gemeinsame Gottesvorstellung vom barmherzigen Gott haben.«[25]

Für den Evangelisten Matthäus richtete sich vermutlich die Stoßrichtung gegen Gemeindemitglieder, die aufgrund ihrer (unbestrittenen) Mehrleistung Privilegien beanspruchen. In der davorliegenden frühen Jesusbewegung lag der Argumentationszusammenhang, in den das Gleichnis eingebracht wurde, vermutlich in dem Werben Jesu (bzw. seiner Anhänger) um Menschen, die besondere religiöse Leistungen aufzuweisen hatten. Sie wurden damit aufgefordert, ihre Leistung nicht gegen andere auszuspielen, sondern als Konsequenz der Barmherzigkeit Gottes ihre Differenzierung zwischen Sündern und Nichtsündern aufzugeben.

Nach Luise Schottroff wird mit dem Gleichnis vom ersten erkennbaren Verwendungszusammenhang an ein Verhalten kritisiert, das sich von einem tiefen Gerechtigkeitsempfinden her begründet. Es ist an die gerichtet, die sich in den Langzeitarbeitern wiedererkennen können, und will sie zu solidarischem Verhalten gegenüber denen anleiten, die nicht die gleichen Leistungen erbringen wie sie.

Bei der Auslegung von Luise Schottroff ist die »Güte Gottes« (auf allen Traditionsstufen) Grundlage der Argumentation. Hans Weder betont dagegen mit Blick auf die angenommene, ursprüngliche Par-

23. Vgl. *L. Ragaz:* Die Gleichnisse Jesu. Seine soziale Botschaft (GTB Siebenstern 450), 3. Aufl., Gütersloh, S. 62–72.
24. Vgl. *H. Braun:* Jesus. Der Mann aus Nazareth und seine Zeit, (GTB Siebenstern 70), 4. Aufl., Gütersloh 1982, S. 52.
25. L. Schottroff, 1979, S. 83.

allelerzählung Jesu, daß die Güte Gottes in dieser Erzählung selbst Ereignis wird. Verständigungsbedingung ist hier der für alle Menschen (Pharisäer und Zöllner eingeschlossen) geltende Zusammenhang von Lohn und Leistung. Indem die Parabel die Sichtweise Gottes argumentativ plausibel macht, wird an den Hörer die Befreiung von seinen (d. h. üblicherweise geltenden) Leistungslohnvorstellungen als eine aus der Wirklichkeit so nicht ableitbare Möglichkeit herangetragen.

Hinweise für den Unterricht[26]
Obwohl die beiden Auslegungen in einem gewissen Gegensatz stehen, zeigt sich bei der didaktischen Reflexion, daß sie sich wechselseitig gut ergänzen können. Die Güte Gottes, die nach der Auslegung von Luise Schottroff als Verständigungsgrundlage diente, auf die hin die verschiedenen Gruppen ansprechbar waren und von der hier die Einstellung und die Verhaltensweise kritisiert wird, ist für die Schüler keine selbstverständliche Denkvoraussetzung.
Die fehlende gemeinsame Voraussetzung gilt es durch Hinweise auf Erfahrung von Güte wenigstens teilweise auszugleichen. Im Anschluß an ein Verständnis dieses Gleichnisses als Metapher muß nach Möglichkeiten gesucht werden, wie durch entsprechendes didaktisches Arrangement die Schüler Gott im Ereignis seiner Güte kennenlernen können und wie ihnen dadurch eine neue Sichtweise zugespielt werden kann. Eine Zugangsmöglichkeit liegt darin, anhand der vorliegenden Erzählung die Schüler dazu anzuregen, sich über ihre eigene Wertvorstellung (insbesondere ihr Gerechtigkeitsempfinden) zu verständigen.
- Weiter gibt die Erzählung den Anlaß, vorgegebene Bewertungs-

26. Auf Unterrichtserfahrungen mit dem Gleichnis weisen u. a. folgende Veröffentlichungen hin: *I. Hiller-Ketterer / J. Thierfelder:* Leistung und Gerechtigkeit, Stuttgart und München 1972, S. 46–73. – *R. Bill / V. Schmidt:* Gleichnisse – Handlungen – Hoheitstitel Jesu (rp-modell, Nr. 13), Frankfurt am Main 1974. – *A. Pape:* Rechtfertigung und Leistung. Ein Unterrichtsversuch mit einem 6. Schuljahr in einer Orientierungsstufe in: ru – Zeitschrift für die Praxis des Religionsunterrichts, 4/1979, S. 114ff. – *D. Storck:* Das Recht auf Arbeit und das Recht auf Leben gehören zusammen, in: Religion heute, 2/1983, S. 20–26. – *Schulfunksendung:* Das ist doch ungerecht. Das Gleichnis von den Arbeitern im Weinberg, NDR, 1. HJ 1978.

maßstäbe ansatzweise zu verunsichern, indem die oft selbstverständliche Gleichsetzung von »gerecht« und »gut« problematisiert wird.

- Darüber hinaus kann versucht werden, alternative Erfahrungen (etwa von Güte) und den Wert solidarischen Verhaltens zu entdekken und die im Gleichnis enthaltene Herausforderung probeweise auf Gegenwartsprobleme (z. B. Arbeitslosigkeit) zu beziehen.

Unterrichtserfahrungen mit dem Gleichnis zeigen, daß die Konfrontation der Schüler mit dieser Erzählung zunächst meist heftigen Widerspruch provoziert. In der Regel wird ein »Kampf« zwischen dem internalisierten Gerechtigkeitsempfinden und der Anerkennung des gütigen Verhaltens sichtbar. Die argumentierende Zustimmung zu dem einen und dem anderen Aspekt wechselt oft wellenförmig. Trotz partieller Würdigung des Verhaltens des Weinbergbesitzers setzt sich meist zuletzt wieder die Feststellung durch: »Aber ungerecht ist es trotzdem!«

Die starke Resistenz vorhandener Wertsysteme gegenüber Veränderung sollte Anlaß sein, schneller Zustimmung zu alternativen Aussagen mit einem gewissen Mißtrauen zu begegnen. Zugleich sollte diese Resistenz aber nicht entmutigen, sondern Anlaß sein, anderen Denkweisen und Erfahrungen immer wieder beharrlich Raum zu geben.

In der Grundschule empfiehlt es sich, die Erzählung ohne Einleitung (Gleichnishinweis) und den letzten Vers zu verwenden. Die vermutlich geeignetste Darbietungsform dürfte die Lehrererzählung sein.

Sie bietet den Vorteil, daß auf Reaktionen der Schüler unmittelbar eingegangen werden kann und die Möglichkeit besteht, bestimmte Akzente durch die Sprechweise hervorzuheben. Empfehlenswert ist eine Aufbereitung der Vorlage in der Weise, daß die hinter der Erzählung stehende Alltagswelt, deren mögliche gegenwärtige Parallelen und Unterschiede zur heutigen Wirklichkeit ebenso deutlich werden wie die Regie der Erzählung. Darin liegt die Voraussetzung dafür, daß der argumentative Impuls, den die Vorlage geben will, bereits vom ersten Zugang möglichst deutlich hervortritt und Erörterungen, die von der eigentlichen Problemstellung eher ablenken, in der Diskussion möglichst von den Schülern selbst erkannt und zurückgewiesen werden. Dazu gehören etwa Äußerungen von der Art, daß es doch abgemacht sei, daß alle dasselbe bekommen; ... daß die später Angeworbenen Faulenzer seien u. a.

Aus der Darbietung muß gleichermaßen deutlich werden, daß das Arbeitsangebot knapp ist, der normale Tageslohn vermutlich gerade zum Leben reicht und daß die Langzeitarbeiter aus ihrer Sicht allen Grund zum Protest hatten.

In dem folgenden Beispiel einer Lehrererzählung wird versucht, durch einen Rahmen die nötigen Hinweise für das Verständnis der eigentlichen Gleichniserzählung zu geben.

Lehrererzählung

Wenn in den Weinbergen die Trauben reif werden, gibt es plötzlich sehr viel zu tun. Die Ernte muß schnell eingebracht werden, damit die Trauben nicht anfangen zu faulen. Viele Arbeitsuchende hoffen in dieser Zeit endlich auch etwas Geld verdienen zu können, um ihren Familien wenigstens das Nötigste für den Lebensunterhalt kaufen zu können. Es ist üblich, daß sich die Arbeiter jeden Morgen ganz früh auf dem Marktplatz einfinden, um kein Angebot zu verpassen, wenn die Besitzer der Weinberge oder deren Verwalter dort hinkommen, um Arbeitskräfte anzuwerben.

Eines Tages kam ein Weinbergbesitzer früh um sechs Uhr, um Arbeiter für die Ernte einzustellen. Als erstes wurde der Lohn für den ganzen Arbeitstag abgemacht, der von sechs Uhr früh bis sechs Uhr abends dauerte. Der Besitzer einigte sich mit den Arbeitern für den Arbeitstag auf einen Betrag, der nach unserem Maßstab ungefähr 60 DM entspricht. Dann schickte er sie in den Weinberg.

Um neun Uhr ging er wieder auf den Markt und sah dort andere noch ohne Arbeit herumstehen. Er sagte zu ihnen: »Geht auch ihr in meinen Weinberg, ich will euch geben, was recht ist!« Und sie gingen hin.

Um zwölf Uhr und um drei Uhr nachmittags ging er wieder auf den Marktplatz und machte es ebenso. Als er dann um fünf Uhr nachmittags noch einmal dort hinkam, fand er noch andere herumstehen und fragte sie: »Was steht ihr hier den ganzen Tag untätig herum?« Und sie antworteten: »Es hat uns niemand Arbeit gegeben!« Da sagte er zu ihnen: »Geht auch ihr in den Weinberg!«

Als es dann sechs Uhr abends war, sagte der Weinbergbesit-

zer zu seinem Verwalter: »Ruf die Arbeiter und gib ihnen ihren Lohn. Fang bei denen an, die zuletzt gekommen sind.«
Da kamen die, die erst um fünf Uhr angefangen hatten und bekamen umgerechnet 60 DM, und als die ersten an der Reihe waren, dachten sie, sie würden mehr bekommen, doch auch ihnen wurde der gleiche Betrag ausbezahlt.
Da protestierten sie gegen den Weinbergbesitzer und sagten: »Diese Letzten haben nur eine Stunde gearbeitet, und du hast sie mit uns gleichgestellt, die wir die Last und die Hitze des ganzen Tages getragen haben!« Da antwortete der Weinbergbesitzer einem von ihnen: »Mein lieber Freund, ich behandle dich nicht ungerecht! Hatten wir denn nicht diesen Lohn vereinbart? So nimm nun dein Geld und gehe! Ich will aber diesen, die zuletzt eingestellt wurden, das gleiche geben wie dir. Oder schaust du deshalb so verärgert, weil ich gütig bin?«

Unterbrechung und Vertiefung der Darstellung
Für das Gesamtverständnis ist es entscheidend, daß den Schülern ganz deutlich ist, welchen Arbeitslohn die jeweilige Arbeitsgruppe etwa erwarten konnte. Eine Unterbrechung der Erzählung nach der Anwerbung der letzten Arbeitskräfte gibt die Möglichkeit, die Schüler selbst ein »realistisches« Entlohnungsschema erarbeiten zu lassen. Dieses läßt sich aufgrund der Vorgabe für die Ganztagsarbeiter auf einem *Arbeitsblatt* und/oder an der Tafel entwickeln. (Der Lohn für die Ganztagsarbeiter sollte so angesetzt werden, daß er etwa einem heutigen Hilfsarbeiterlohn entspricht.)

Beispiel: Arbeitsblatt

Anfangszeit:	*Arbeitszeit:* (Stundenzahl)	*Lohnabmachung:*	*Lohnauszahlung:*
6 Uhr			
10 Uhr			
12 Uhr			
14 Uhr			
17 Uhr			

Im Zusammenhang mit dem Arbeitsblatt können die Schüler ihre evtl. auch kontroversen Meinungen zur (gerechten) Entlohnung der einzelnen Gruppen begründen.
Anschließend ist bewußtzumachen, welche Bedeutung die verschiedenen Lohnzahlungen für den Arbeiter haben. Dies kann etwa durch ein Klassengespräch darüber angeregt werden, was eine kleine Familie zum Leben braucht. Eine Vertiefung ist durch ein fiktives Einkaufen möglich. Dazu werden Bild-Karten vorbereitet, auf denen mehr oder weniger lebensnotwendige Dinge mit ihren Durchschnittspreisen verzeichnet sind wie etwa Brot, Butter, Heizung, Miete, Medikamente etc. Durch eine Auswahl der angebotenen Lebensmittel u. a. läßt sich veranschaulichen, welche Einkaufsmöglichkeiten durch den jeweiligen Tagesverdienst gegeben bzw. nicht gegeben sind.
Der Abschluß der Erzählung führt in der Regel zu einer spontanen Mißfallensäußerung der Schüler. Dieser Protest entspricht dem weitgehend herrschenden Gerechtigkeitsempfinden und sollte nicht vorschnell erstickt werden.
Zur Vertiefung des Verständnisses und als Einleitung zur Auswertung der Erzählung bietet sich das Rollenspiel an, in dem die beiden Pole, die Empörung über die Ungerechtigkeit und die Erfahrung der Güte, besonders herausgestellt werden. Um den Konflikt deutlich hervortreten zu lassen, reicht es, sich dabei auf die Gruppen der Ganztagsarbeiter und die Arbeiter der letzten Stunde zu beschränken.

Mögliche Arrangements und Aufgabenstellungen
Gruppenbildung (u. U. auch mehrfach zu einem Thema) mit der Aufgabe der Vorbereitung und Darstellung einer Rollenspielszene:
a) Die Arbeiter, die früh und die spät angeworben wurden, unterhalten sich an getrennten Tischen im Anschluß an den Arbeitstag in einer Wirtschaft über ihre Erfahrungen mit dem Arbeitgeber. (Evtl. kann die Szene durch den Wirt oder andere Gäste erweitert werden.)
b) Jeweils ein Arbeiter der verschiedenen Gruppen unterhält sich abends mit seiner Familie.
c) Ein Reporter befragt verschiedene Menschen nach ihrer Meinung zu dem Verhalten des Arbeitgebers und dem Verhalten der sog. Langzeitarbeiter.

Eine weitere Vertiefung der Auseinandersetzung kann durch zusätzliche Materialien oder Aufgabenstellungen erfolgen. Eine mögliche Er-

gänzungsaufgabe besteht darin, die Schüler anzuregen, von sich aus Erfahrungen einzubringen, die dem einen oder dem anderen Typ (Erfahrung von Güte – Erfahrung ungerechter Behandlung) zuzuordnen sind. Im weiteren können Geschichten zum Thema: »auf Kosten anderer leben« und »unverdiente Freude« erarbeitet und mit der Erzählung in Verbindung gebracht werden.
Die folgende Szene, die einer wirklichen Begebenheit entspricht, kann dazu anregen, die im Gleichnis angesprochene Herausforderung auf eine Ebene konkreter Schülererfahrungen zu beziehen:

Die evangelischen Schüler einer Grundschulklasse aus Hannover haben gemeinsam mit ihrer Lehrerin für das Fernsehen eine Unterrichtsstunde vorgeführt, in deren Mittelpunkt die Erzählung von den »Arbeitern im Weinberg« stand. Das Fernsehen stiftete dafür einen Betrag für die Klassenkasse. Als es daran ging, über die Verwendung des Geldes zu entscheiden, wandte ein Schüler, der während der Vorführstunde lebhaft mitgemacht hatte, ein: »Die katholischen Schüler dürften doch eigentlich von dem Geld nichts abbekommen, denn sie waren ja an der Sendung gar nicht beteiligt!«

Der Lehrer stellt zunächst die Situation dar. Anschließend werden die Schüler (durch Abzählen) aufgefordert, jeweils die Rolle der evangelischen und katholischen Schüler zu übernehmen und im Klassengespräch eine Lösung vorzubereiten. Wichtige Argumente von beiden Seiten werden an der Tafel festgehalten und mit Beiträgen, die bei der Auseinandersetzung um die Gleichniserzählung gefallen sind, in Beziehung gesetzt. – Hier kann ein vorbereitetes Arbeitsblatt helfen, das in Sprechblasen einzelne Schüleräußerungen aus der Vorstunde wiedergibt und die Aufforderung enthält, entsprechende Beiträge einander zuzuordnen.
Die Schüler entdecken, daß hier ein ähnlicher Bewertungskonflikt vorliegt wie bei den Arbeitern im Gleichnis und werden angeregt, ihre Verhaltensweisen in einer konkreten Auseinandersetzung von den am Gleichnis erarbeiteten Bewertungen her zu bedenken und zu begründen.

3. Die Geschichte von zwei Brüdern und ihrem gütigen Vater – Lukas 15,11–32

11 Er sagte weiter: »Ein Mann hatte zwei Söhne. 12 Der
jüngere von ihnen sagte zu seinem Vater: ›Vater, gib mir
den Anteil deines Vermögens, der mir (als Erbe) zu-
steht.‹ Da teilte er seinen Besitz unter sie. 13 Nicht lange
danach machte der jüngere Sohn seinen ganzen Anteil
zu Geld und zog davon in ein fernes Land; und da ver-
praßte er sein ganzes Vermögen in einem haltlosen Le-
ben. 14 Als er alles aufgebraucht hatte, kam eine
schwere Hungersnot über jenes ganze Land, und er ge-
riet in Not. 15 Da ging er hin und hängte sich an einen
Bürger jenes Landes; der schickte ihn auf seine Felder,
die Säue zu hüten. 16 Gern hätte er seinen leeren Magen
mit den Schoten gefüllt, die die Schweine fraßen, doch
niemand gab ihm davon. 17 Da ging er in sich und sagte
›Wie viele Tagelöhner meines Vaters haben Brot im
Überfluß und ich komme hier vor Hunger um! 18 Ich will
mich aufmachen und zu meinem Vater gehen und zu
ihm sagen: Vater, ich habe gesündigt gegen den Him-
mel und vor dir. 19 Ich bin nicht mehr wert, dein Sohn zu
heißen. Stelle mich wie einen deiner Tagelöhner!‹
20 Und er machte sich auf und kam heim zu seinem Va-
ter. Als er noch weit weg war, erblickte ihn sein Vater,
und Erbarmen ergriff ihn; er lief ihm entgegen, fiel ihm
um den Hals und küßte ihn. 21 Doch der Sohn sagte zu
ihm: ›Vater, ich habe gesündigt gegen den Himmel und
vor dir – ich bin nicht mehr wert, dein Sohn zu heißen.‹
22 Aber der Vater sagte zu seinen Knechten: ›Rasch,
bringt das beste Gewand heraus und legt es ihm an!
Steckt ihm einen Ring an seinen Finger und gebt ihm
Schuhe an die Füße. 23 Und holt das Mastkalb herbei
und schlachtet es; dann wollen wir ein Freudenmahl fei-
ern. 24 Denn mein Sohn hier war tot und ist wieder zum
Leben gekommen; er war verloren und ist wiedergefun-
den.‹ Und sie fingen an zu feiern. 25 Als nun sein älterer
Sohn, der auf dem Felde war, heimkehrte und sich dem

Hause näherte, hörte er Musik und Tanz 26 und rief einen der Knechte zu sich und fragte, was das sei. 27 Der Antwortete: ›Dein Bruder ist gekommen; da hat dein Vater das Mastkalb geschlachtet, weil er ihn gesund wieder hat.‹ 28 Da geriet er in Zorn und wollte nicht hereinkommen. Doch sein Vater ging zu ihm hinaus und bat ihn. 29 Doch er antwortete seinem Vater: ›Sieh, so viele Jahre diene ich dir nun schon und habe dein Gebot nie übertreten. Doch mir hast du nie auch nur einen Ziegenbock gegeben, daß ich mit meinen Freunden hätte feiern können! 30 Aber wie dein Sohn heimgekommen ist – der da, der dein Vermögen mit Huren verpraßt hat, da hast du für ihn das Mastkalb geschlachtet.‹ 31 Er erwiderte: ›Kind, du bist doch allezeit bei mir, und alles, was mein ist, ist dein: 32 Du solltest mitfeiern und dich darüber freuen, daß dieser hier, dein Bruder, der tot war, wieder zum Leben gekommen ist, verloren war und wiedergefunden ist.‹«[27]

Die meist als »Gleichnis vom verlorenen Sohn« bekannte Erzählung ist der Form nach als eine Parabel zu identifizieren, über deren weitgehende sprachliche und erzählerische Einheit in der neueren Auslegung weitgehend Einheit herrscht. Sie hat zwei Teile (Vers 11b–24 und Vers 25–36), in denen jeweils einer der beiden Söhne im Mittelpunkt steht.

Zunächst wird der Wunsch des Jüngeren nach seinem Erbe und die entsprechende Teilung erzählt. Dabei handelt es sich offensichtlich um einen geläufigen Rechtsvorgang.[28] Da dem älteren Sohn nach jüdischem Recht (5. Mose 21,17) doppelt soviel zusteht wie seinen Brüdern, ist hier vermutlich an ein Drittel des Besitzes zu denken, das dem Jüngeren in Form einer Abfindung zugeeignet wird. Es versteht sich von selbst, daß er danach keine weiteren Ansprüche stellen kann.

27. Übersetzt nach: Das Neue Testament, übersetzt von Ulrich Wilckens (2. Aufl. der Taschenbuchausgabe ohne Kommentar), Gütersloh 1976.

28. Vgl. *W. Harnisch:* Die Gleichniserzählungen Jesu, Göttingen 1985, S. 217 (dort finden sich weitere Hinweise).

Insbesondere für die frühere allegorische Auslegung enthielt bereits die Forderung nach dem Erbanteil einen unbilligen Anspruch und wurde entsprechend moralisch gewertet. Gerade im Blick auf Kinder kann sie sich aber verhängnisvoll auswirken, wenn die ohnehin als ambivalent empfundene Selbständigkeitsbestrebungen eine zusätzliche negative Wertung bekommen.

Es gehört ebenfalls zur damaligen Alltagswelt, daß ein Sohn seinen Erbteil zu Geld machte und auswanderte, um seine Zukunft in der Fremde zu suchen. Die nun folgende Erzählung des Abstiegs des jüngeren Sohnes ist allerdings stark dramatisiert. Er verpraßt sein Erbe und wendet sich in der Not an einen Fremden (Heiden), anstatt die nächste jüdische Gemeinde in der Diaspora um Hilfe zu bitten. Als Schweinehirt gibt er sich mit unreinen Tieren ab und steht damit außerhalb der Normen des jüdischen Gesetzes. In Vers 16 wird der Hörer schließlich an ein jüdisches Sprichwort erinnert, das besagt: »Wenn die Israeliten Johannesbrot nötig haben, dann kehren sie (zu Gott) um.«[29] In diesem Zusammenhang ist jedoch die Feststellung wichtig, daß die Dynamik der Erzählung hier nicht auf eine vielfach hineininterpretierte Reue als entsprechender Impuls der Umkehr hinweist. Dem Sohn wird vielmehr in nüchterner Selbstreflexion seine Lage deutlich. In seiner radikalen – vermutlich lebensgefährlichen – materiellen Notlage erinnert er sich daran, wie viele Menschen in seinem Vaterhaus satt werden. Diese Erinnerung bringt ihn zu der Überlegung, daß in dem Weg nach Haus für ihn die einzige Chance zum Weiterleben liegt.

Er überlegt sich, mit welchen Worten er dem Vater gegenübertreten soll. Seine Überlegungen enthalten drei bedeutungsvolle Aspekte. Zunächst übernimmt er Verantwortung für seine Lage – sucht also die Schuld nicht bei anderen – und versteht seine Situation als Folge seines eigenen (sündigen) Tuns. Schließlich ist er bereit, die Konsequenzen auf sich zu nehmen und sich um die äußerst niedrige Rechtsposition eines Tagelöhners zu bewerben. Nachdem er sich auf den Weg gemacht hat, tritt nun eine ganz unerwartete Wendung ein. Bevor er überhaupt richtig in die Nähe seines Vaters gekommen ist, übernimmt dieser die Handlungsinitiative. Er eilt ihm freudig entgegen. Auf dem Hintergrund der patriarchalisch orientalischen Vorstellungswelt stellt

29. Zitiert nach *E. Linnemann:* Gleichnisse Jesu, Göttingen 1978, S. 82.

dieses eine deutliche Abweichung dar und enthält somit ein Überraschungsmoment. Der Vater drückt seine Überwältigung gestenreich aus, bevor der Sohn zu seiner vorbereiteten Rede ansetzen kann. In dieser Rede fehlt dann auch die Bitte um die Annahme als Tagelöhner, weil sie längst durch die Begrüßungsgeste des Vaters und seine Aktivität überholt ist. Nach der eindeutigen Begrüßungsszene setzt er ihn durch deutliche Zeichen (wieder) in den Rang eines Sohnes ein. Das Ehrenkleid gebührt dem Ersten im Haus, der Siegelring ist ein Zeichen der Vollmacht, und Schuhe sind Kennzeichen der Freien. Gleichzeitig läßt er alles zum Fest vorbereiten, mit dem die Freude über die Rückkehr ihren lebendigen Ausdruck finden soll. Die pointierte Zuspitzung ist in der Alltagswelt zwar denkbar, überbietet die normale Erfahrung jedoch durch ein höchst unerwartetes, ungewöhnliches und positiv überraschendes Moment. Der folgende Abschnitt führt nun wieder in die bekannte Alltagswelt zurück.

Der Bruder, der wie an jedem Tag seinen Aufgaben nachgekommen ist, erkundigt sich nach dem Grund der Feier und reagiert mit Zorn und Trotz, als er diesen erfährt. Doch in leichter Entsprechung zur Aufnahme seines Bruders kommt der Vater auch ihm ein Stück entgegen und versucht ihn zur Teilnahme an dem Fest zu überreden. Die Antwort des Älteren besteht aus einer Reihe von – aus seiner Sicht berechtigten – Vorwürfen. Er verweist darauf, daß ihm trotz seiner stetigen Treue nicht einmal ein Böckchen – geschweige denn ein gemästetes Kalb – zur Feier mit seinen Freunden überlassen wurde. Schließlich spricht er in sarkastischer Weise von »deinem Sohn« statt von seinem Bruder. Der Vater läßt sich nicht auf diese Distanzierung ein, nennt ihn seinen Bruder, erinnert in seiner Antwort an die nie gebrochene Gemeinschaft auch der Güter und lädt ihn zur Mitfeier und Freude ein. Ob dieser sich darauf einläßt, bleibt offen.

Gerade in diesem Protest des älteren Bruders läßt sich nun eine Entsprechung zum Einwand der Pharisäer gegen die Tischgemeinschaft Jesu mit Zöllnern und Sündern unschwer entdecken, die in Lukas 15,1–3 im Vorspann der folgenden Gleichnisreden ausgedrückt sind. Von dieser Beobachtung her hat J. Jeremias das Gleichnis als »Rechtfertigung der Frohbotschaft gegenüber ihrer Kritik«[30] verstanden und E. Linnemann in der Verteidigung dieser Tischgemeinschaft Jesu den

30. J. Jeremias, 1962, S. 131.

Sinn des Gleichnisses gesehen.[31] Linnemann und Jeremias gehen wie die meisten Exegeten davon aus, daß der von Lukas geschriebene Rahmen des Gleichnisses einer ursprünglichen Situation in der Verkündigung Jesu entspricht.

Das ungewöhnliche Verhalten des Vaters erinnert an Glaubensvorstellungen von Gott als den sich erbarmenden Vater, die die jüdischen Gegner mit Jesus teilten. So heißt es z. B. im Psalm 103,13: »Wie ein Vater über seine Kinder sich erbarmt, so erbarmt sich der Herr derer, die ihn fürchten.«

Versteht man die Parabel als narrative Argumentation, durch die Jesus seine Tischgemeinschaft mit Zöllnern und Sündern gegenüber pharisäischen Angriffen verteidigt, bleibt ein Problem zu beachten. Daß einem Sünder, der durch »tätige Reue« seine Umkehr deutlich gemacht hat, die Wiederaufnahme in die Gemeinschaft nicht verweigert werden darf, dürfte für die Pharisäer nicht zweifelhaft gewesen sein. Wie dieser Sohn von seinem Bruder nicht als reuiger Heimkehrer gesehen wird, lassen sich jedoch auch diejenigen nicht als Umkehrer erkennen, mit denen Jesus Tischgemeinschaft hält.[32]

Erst wenn sie sich einladen lassen, an der Tischgemeinschaft Jesu teilzunehmen, können sie verstehen, daß die sich in dieser Gemeinschaft ausdrückende zuvorkommende Liebe hier ein durchaus verständliches Gerechtigkeitsdenken hinter sich läßt, weil hier das in Psalm 103 ausgedrückte Erbarmen Wirklichkeit wird.

Die *tiefenpsychologische Betrachtung* lenkt den Blick auf die Ausgangssituation. Hier wird die Geschichte zweier Söhne eingeleitet, die Assoziationen an eine typische Konfliktkonstellation wachruft, welche etwa auch in den alttestamentlichen Erzählungen von ›Kain und Abel‹ sowie ›Jakob und Esau‹ deutlich wird. Es sind Urkonstellationen menschlicher Beziehungen, die verhängnisvolle destruktive Folgen haben können, wenn eine versöhnende Verhältnisbestimmung nicht gelingt.

In beiden Söhnen wird ein Aspekt grundlegender menschlicher Lebensmöglichkeiten und typischer damit verbundener Probleme angesprochen:

Ablösung hier, Beharren und Festhalten dort;

31. Vgl. E. Linnemann, 1978, S. 86f.

32. Vgl. *K. Sorger:* Gleichnisse im Unterricht, Düsseldorf 1980, S. 124.

Aufbruch zu neuen Erfahrungen, Festhalten des Bewährten und Vermeiden neuer Erfahrungen;
Suche nach Glück und Lebenssteigerung in der Fremde,
Vermeiden von Unglück und Unlust durch Bleiben.

Zunächst wendet sich die Dramatik der Erzählung dem ersten Aspekt zu. Der Ablösungsprozeß kann mißlingen. Er ist begleitet von der tödlichen Gefahr, sich ganz zu verlieren, statt jemand zu werden. Die Geschichte zeigt diesen möglichen Entfremdungsprozeß im Zeitraffertempo auf. Der Versuch, das Lebensglück durch Konsumieren und »Einverleiben« zu steigern, gerät an eine unüberwindliche Grenze und führt schließlich zu einer totalen (inneren und äußeren) Fremdbestimmung. So wie in vielen ähnlich strukturierten Geschichten ist der durchlebte Tiefpunkt zugleich der Wendepunkt. Diese Erfahrung öffnet den Blick für das Notwendige. Hier setzt eine Gegenbewegung ein, in der sich ein Hoffnungsschimmer auftut. Der Sohn nimmt sich und seine Situation realistisch wahr. Er erkennt, daß er auf dem Wege, das Leben zu gewinnen, sich selbst oder wenigstens ein wichtiges Stück von sich verloren hat. Indem er sich eingestehen kann, daß die Ursachen für seinen Hunger als äußerer und Entfremdung und Beziehungslosigkeit als innerer Zustand bei sich selbst liegen, übernimmt er Verantwortung für sich und kann eine realitätsbezogene Wende vornehmen. Nicht der Traum zurück ins Kindheits-Ich mit einer universalen Versorgung, sondern eine realistische Möglichkeit des Überlebens kommt in den Blick. Die Geschichte wäre sicher sehr mißverstanden, wenn man seine Einsicht als Korrektur eines eigentlich überflüssigen Lebensweges verstände. Von dieser Deutung sollte schon die Erkenntnis der Problematik des älteren Sohnes abraten.

In tiefenpsychologischer Deutung verbirgt sich hinter dem Vater das Urbild der integrativen Kraft des Selbst. Diese Kraft kommt dem eingeleiteten Prozeß entgegen und übernimmt die Steuerung. Das Wiederfinden eines verlorenen Stück Lebens und die Bewegung einer realistischen Erneuerung wird massiv unterstützt. Das Sich-Neu-Finden muß gefeiert werden.

Unter theologischen Gesichtspunkten ist der vorausgegangene Prozeß Anlaß einer neuen Gotteserfahrung, in dem gerade die mütterlichen Aspekte des Vaters den besonderen Überraschungseffekt darstellen. Interessanterweise treten diese Züge aber auch bei der Argumentation des Vaters gegenüber dem älteren Bruder in den Vordergrund. Dieser erlebt das Fest bei der Rückkehr wie Kain das Opfer des Abel als unfaßbare Bevorzugung, die ihn zutiefst kränkt und zu destruktiven Gedanken verleitet. Angesichts des Festes nimmt nun auch er seine Situation realistisch wahr und erwartet Belohnung für seine Beharrlichkeit. Der Vater verweist ihn auf das ungebrochene Beieinandersein, auf das »Du bist ja bei mir«, in dem sich der umfassende (mütterliche) Trost für ein Kind ausdrückt, das sich verloren glaubt. Ob er der Aufforderung des Vaters nachkommt, am Fest des wiedergewonnenen Lebens teilzunehmen, bleibt offen.

M. Kassel macht hier darauf aufmerksam, daß in spontanen Gruppeninteraktionen die Rivalitäten zwischen den Brüdern in den Mittelpunkt geraten. Je nachdem, in welcher biographischen Situation sich die Gruppenteilnehmer befinden, fällt der Schwerpunkt anders aus und verlagert sich die Dynamik des Spieles entsprechend.

Auch bei diesem Gleichnis läßt sich erkennen, wie fruchtbar die Verschränkung verschiedener Auslegungsansätze für die didaktische Reflexion sein kann. Von der einen Seite her wird herausgestellt, wie die Wirklichkeit Gottes in die Alltagswirklichkeit einbricht und die Einbildungskraft auf eine andere, neue Möglichkeit lenkt. Von der anderen Seite her wird die psychische Dynamik transparent, die den Prozeß der Wandlung durch neue Erfahrungen begleitet.

Die Liebe, die durch das Verhalten des Vaters in der Erzählung Ereignis wird, verweist auf die Liebe Gottes. Sie zielt darauf ab, »*beide* Verlorenen zum Fest der Liebe zu vereinigen«.[33]

In der Gestalt der Vergebung überholt diese Liebe die Vergangenheit des Menschen, als Bitte zum Mitfeiern sein Gerechtigkeitsverständnis.

Von den aufgezeigten Auslegungen her können folgende Aspekte für die didaktische Arbeit wichtig werden:

- Der zentrale Unterschied in der Lebenssituation der Brüder und die Kontroverse um das Fest können Anlaß und Anregung sein, die Erfahrungsebene der Kinder einzuholen.
- Die Erzählung lenkt den Blick auf hilfreiche Impulse bei einem mißlingenden Entwicklungs(Ablösungs-)prozeß. Daher ist nicht die Ablösung selbst negativ zu bewerten.
- Die Erzählung eröffnet die Frage, wie der ältere Sohn mit seiner

33. Vgl. *H. Weder:* Die Gleichnisse Jesu als Metaphern, 2. Aufl., Göttingen 1980, S. 260f.

Wahrnehmung der Dinge umgehen kann und läßt sie für eigene Interpretationen offen.

- Gerade in der Besonderheit des Verhaltens des Vaters ist die Tendenz einer erneuernden Gotteserfahrung angelegt (Gott kann loslassen; er kann warten; er läßt Freiheit; er gibt Vertrauen – nach H. Wolff).

Das Fest dient der Feier eines Neuanfangs, der die Vergangenheit durch liebende Zuwendung hinter sich läßt. Die Aufforderung an den älteren Bruder, das Fest mitzufeiern, enthält zugleich die Bitte, dem Ereignis der Liebe zuzustimmen und sein fixiertes Gerechtigkeitsverständnis zu überwinden.

Literatur zur tiefenpsychologischen Auslegung dieses Gleichnisses: M. Kassel: Sei, der du werden sollst, München 1982, S. 13ff. – *H. Wolff:* Jesus – der Mann, Stuttgart 1975. – *R. Strunk / M. Maushardt:* Glück. Leistung des Schöpferischen (Lk 15,11–32), in: *Y. Spiegel (Hg.):* Doppeldeutlich. Tiefendimensionen biblischer Texte, München 1978, S. 57–76.

Hinweise für den Unterricht

Es wurde bereits oben darauf hingewiesen, daß in didaktischen Zusammenhängen vermieden werden sollte, die Lösung des Sohnes vom Elternhaus negativ zu bewerten. Verhängnisvoll hat sich auch eine katechetische Tradition ausgewirkt, die im Zusammenhang dieses Gleichnisses vor allem Sünde und Buße thematisiert und nicht selten eine Verbindung zum Elterngebot hergestellt hat. So wird in den biblischen Historien von J. Hübner[34] der »verlorene Sohn« als exemplarisch für denjenigen dargestellt, der sich gegen das Elternverbot vergeht. Die Sünde stürzt den Menschen in großes Unglück; wenn man sich dazu hat verleiten lassen, muß man umkehren, und wer ernste Buße tut, wird wieder in Gnaden aufgenommen.

Im Kontrast zu solcher »Lehre« empfiehlt es sich, unter Beachtung der exegetischen Befunde die positiven Aspekte in den Mittelpunkt zu

34. Vgl. *J. Hübner:* Zweymahl zwey und funffzig, auserlesene Historien, Leipzig 1734, S. 412–416.

stellen. Daher ist es meines Erachtens angezeigt, das Gleichnis einerseits von der zentralen Bedeutung des »Festes« und andererseits von der problematischen Interaktion der Söhne her zu erarbeiten. Die Feier der Rückkehr nicht als Regression, sondern als qualitativ neue Lebensperspektive steht im Mittelpunkt. Daher liegt es nahe, von der Erfahrung des Feierns und des Gefeiertwerdens auszugehen. Methodisch ist hier die Arbeit mit einer Flanelltafel besonders geeignet, auf der einfache, aus Tonpapier ausgerissene Figuren und Bildelemente (siehe Skizze), die mit Haftelementen versehen sind, angeheftet und bewegt werden können. Ein erstes Arrangement, z. B. ein runder Tisch und einige Figuren drum herum, kann die Kinder anregen, Bemerkungen und Erfahrungen mit dem Feiern einzubringen. Verschiedene Feieranlässe und Feierformen werden auf Arbeitsblättern oder an der Tafel festgehalten. Einen besonderen Akzent kann die Geburtstagsfeier bekommen und die Betrachtung, daß dabei das »Ich« und sein Leben ganz im Mittelpunkt steht. Soweit dies möglich ist, wird der Gang des Gesprächs jeweils durch Ergänzung oder Veränderung des Arrangements an der Hafttafel unterstützt. So kann zunächst die Hauptperson an den Tisch gesetzt werden, um den herum sich dann die eingeladenen Freunde gruppieren. Wenn dabei ein Schüler, dem die Rolle des Geburtstagskindes zugesprochen wird, nun einige einlädt, die dann selbst ihre Haftfigur an die Flanelltafel plazieren, wird (ausgesprochen oder unausgesprochen) die Erfahrung erinnert, daß bei einer Feier immer einige ausgeschlossen bleiben.

Lehrererzählung

Jesus hat viel gefeiert. Oft hat er aber dabei Leute eingeladen oder sich von solchen einladen lassen, in denen gerade fromme Menschen seiner Zeit keinen guten Umgang sahen. Das waren vor allem die Zöllner. Besonders ärgerten sich die Frommen, daß Jesus mit Zöllnern feierte, die allgemein als Betrüger galten. Sie schauten sich die Runde an und beklagten sich über Jesus (Flanellbild; Schüleräußerungen). Als die frommen Leute sich wieder einmal über ihn beklagten, ging Jesus zu ihnen und erzählte ihnen eine Geschichte:

Ein großer Bauer hatte zwei Söhne. Der jüngere äußerte eines Tages den Wunsch, daß er in der Fremde sein Glück versuchen wolle. Er bat den Vater, ihm sein Erbteil als Abfindung auszuzahlen, damit er auf eigenen Füßen stehen könne. Der

Vater wollte seinem Glück nicht im Wege stehen und teilte ihm seinen Anteil zu. Der Sohn verkaufte sein Land und machte sich auf in die Ferne. Dort aber ließ er kein Vergnügen aus und gab das Geld mit vollen Händen aus. Kaum war alles weg, gab's eine große Hungersnot in jenem Land, und in seiner Not suchte er sich jemanden von den Fremden, der ihm Arbeit geben konnte.

Die Zuhörer Jesu fanden das sicher nicht in Ordnung; denn ein frommer Jude sollte sich an einen anderen Juden wenden, wenn er in Not geriet und nicht an einen Fremden. Aber es kam noch schlimmer:

Jesus erzählte weiter, daß der Sohn von dem Fremden den Auftrag bekam, Schweine zu hüten. Dazu muß man wissen, daß Schweine bei den Juden als unreine Tiere gelten. Eine solche Arbeit hätte er nie annehmen dürfen!
Bald ging es ihm aber so schlecht, daß er froh gewesen wäre, wenn ihm jemand von dem Futter der Schweine zu essen gegeben hätte. Als er sich dann in dieser Lage wiederfand, fiel im ein, wieviel Knechte bei seinem Vater für gutes Essen arbeiteten. So trieb ihn sein Hunger dazu, zu seinem Vater zurückzukehren. Unterwegs aber überlegte er sich, was er dem Vater sagen sollte. Er wollte zugeben, daß er alles falsch angefangen hatte. Weil er ihm soviel Schande gemacht hatte, wollte er nicht mehr Sohn genannt werden, sondern den Vater bitten, ihn als einen von vielen Knechten einzustellen. Mit diesen Gedanken machte er sich auf den Heimweg. Aber als er noch weit weg war, sah ihn sein Vater schon, und er sah auch, wie es um ihn stand. Er bekam großes Mitleid mit ihm, lief ihm entgegen und begrüßte ihn stürmisch. Der Sohn versuchte, ihm zu sagen, daß er alles falsch gemacht habe und nun nicht mehr wert sei, sein Sohn zu heißen. Doch der Vater ließ ihn gar nicht richtig ausreden. Er forderte die Knechte auf, ihm die beste Kleidung anzulegen, die da war, steckte ihm als Zeichen einer besonderen Ehrung einen Ring an den Finger und gab ihm Schuhe, damit er sich deutlich von den Knechten unterschied. Er ließ das für einen besonderen Anlaß gemästete Kalb schlachten und lud alle zu einer Freudenfeier ein. »Mein Sohn war tot und ist nun wieder lebendig geworden«, sagte er. »Er war verloren und ist nun wiedergefunden.« Und so feierten sie. Als die Feier aber im vollen Gange war, kam der ältere Sohn, hörte die Musik und den Tanz und ließ sich von einem Knecht erzählen, was geschehen war. Dieser antwortete: »Dein Bruder ist gekommen, und da hat dein Vater das Mastkalb geschlachtet, weil er ihn gesund wieder hat.« Der ältere Sohn aber wurde wütend und weigerte sich hineinzugehen. Da ging der Vater zu ihm hinaus und versuchte, ihn zu überreden. Doch er ließ sich von seinem Zorn nicht abbringen. »All die Jahre habe ich hier für dich treu gearbeitet, und nicht einmal einen kleinen Bock hast du für mich spendiert, damit ich mit meinen Freunden hätte feiern können«, sagte er.

Fromme Menschen sind empört

Jesus feiert mit Zöllnern

Der Sohn macht sich auf den Weg

Er bekommt den Auftrag, Schweine zu hüten

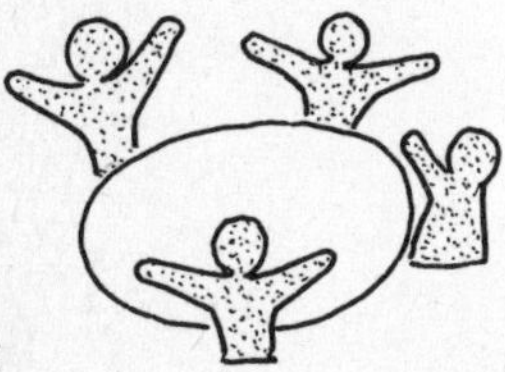

Er feiert

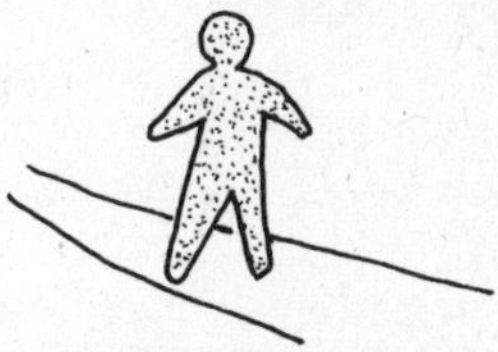

Er macht sich auf den Heimweg

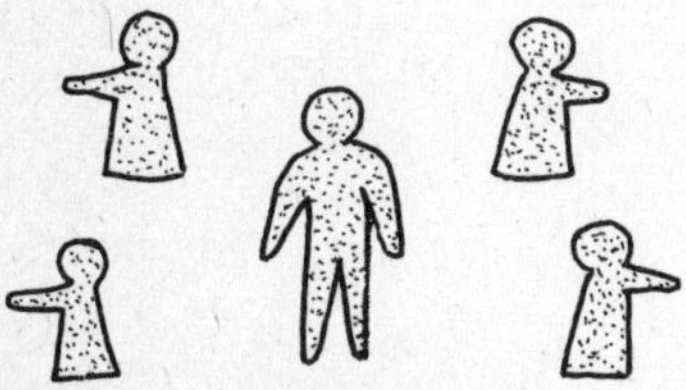

Er hat sein Geld ausgegeben

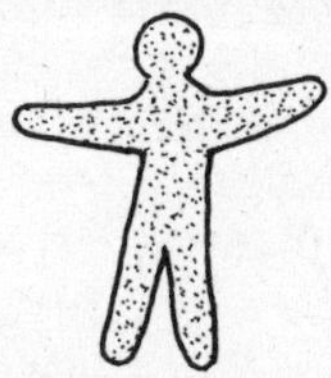

Der Vater läuft ihm entgegen

„Du solltest mitfeiern und dich auch freuen"

»Nun ist der da wiedergekommen, der dein ganzes Geld verpraßt hat, und du schlachtest für ihn das beste Kalb.« Und der Vater versuchte weiter, ihn zu beruhigen und zu überreden. »Du warst doch die ganze Zeit bei mir, und hast es gut gehabt. Aber dein Bruder war tot und ist wieder zum Leben gekommen, war verloren und ist wiedergekommen. Deshalb solltest du mitfeiern und dich auch darüber freuen.«

Damit sich die Erzählung stärker einprägt, kann man die wichtigsten Szenen jeweils auf der Flanelltafel anheften bzw. von den Schülern anheften oder pantomimisch veranschaulichen lassen.
In einem nächsten Schritt sollte der Ablauf der Erzählung möglichst auch emotional vertieft werden. Dazu sind u. a. verschiedene Aufgabenstellungen angezeigt, die in Form arbeitsteiliger Gruppenarbeit durchgeführt werden können. Für die gleiche Aufgabe,: Darstellung der wichtigsten Szenen des Gleichnisses, können u. a. folgende Methoden angeboten werden:

- Herstellen einer Bilderfolge aus ausgerissenen oder ausgeschnittenen Figuren;
- Malen einer Comicreihe auf Tapete (wichtigste Sätze in Sprechblasen);
- Anfertigen einer Diareihe aus Ruß-Dias;[35]
- Vorbereitung eines Handpuppenspiels;
- Vorbereitung eines szenischen Spiels mit freier Erarbeitung der wichtigsten Dialoge;
- Vorbereitung eines pantomimischen Spiels, das mit Orffschen Instrumenten untermalt wird.[36]
- Die Bewegungen der einzelnen Personen werden durch Fußspuren

35. Zur Methode siehe *W. Longardt:* Spielbuch Religion, Zürich u. a. 1974, S. 22f. und S. 85ff.

36. Vgl. dazu: *L. Knecht:* Bibel im Unterricht. Kreative Praxis in Primar- und Sekundarstufe I, Teil 4: Spruchgut und Gleichnisse Jesu, Freiburg 1980, S. 77ff.; *R. Schmitt:* Musik und Spiel im Religionsunterricht im 5./6. Schuljahr, Stuttgart 1976.

angedeutet. Die Lage der Spuren soll so lange verändert werden, bis sich die Gruppe über den Bewegungsablauf geeinigt hat.

Sowohl für die Gruppenarbeit als auch für die Vorführung der Ergebnisse in der Klasse und die anschließende Diskussion der Ergebnisse sollte genügend Zeit vorhanden sein. Bei der Besprechung sind besonders die Abweichungen von der Erzählvorlage hervorzuheben.

Unterrichtsversuche mit dem Gleichnis und verschiedene Dokumentationen darüber zeigen, daß von dem Stoff starke Impulse ausgehen, sich mit Tendenzen oder Personen der Erzählung zu identifizieren.[37]

Der Lehrer sollte der Versuchung widerstehen, irgendwelche abstrakten Sätze als Ergebnis festzuhalten. Eine mehrdimensionale Erarbeitung der Erzählung durch die Schüler wird dem Sinn der Gleichnisrede vermutlich am ehesten gerecht.

In einer dritten Phase kann man anregen, die Erzählung kurzgefaßt aus der Perspektive der verschiedenen Personen, die im Gleichnis vorkommen, nacherzählen zu lassen. Dabei sollte man die Schüler wählen lassen, aus der Sicht welcher Gestalt sie die Geschichte darstellen möchten.

Der jüngere Sohn erzählt:

»Ich hatte mir alles ganz toll vorgestellt. Endlich mal tun und lassen können, was mir Spaß macht. Nicht immer machen müssen, was andere wollen ...«

Der ältere Sohn erzählt:

»Zuerst war ich geschockt, als mein Bruder wegwollte und sein ganzes Erbe mitnehmen. Aber dann fand ich das gar nicht mehr so schlecht ...«

Der Knecht erzählt:

»Das hat dem Vater ganz schön zu schaffen gemacht als der jüngere Herr so plötzlich weggegangen ist. Auch mir hat das viel ausgemacht. Ich mochte den jungen Herrn sehr gern ...«

In einem offenen Abschlußgespräch können dann die Fragen thematisiert werden, wie die Erzählung wohl weitergehen könnte. Hat sich der ältere Bruder überreden lassen, mitzufeiern? Wie haben die frommen Leute reagiert, denen Jesus diese Geschichte erzählt hat? (Visu-

37. Vgl. bes. *I. Frickenschmidt:* Gleichnisse in der Grundschule, Bad Godesberg 1980, S. 58–81.

elle Unterstützung durch Wiederholung mit Hilfe des Flanellbildes siehe oben).

Eine mögliche Variation liegt darin, das Gleichnis mit einer Gegenwartsgeschichte in Beziehung zu setzen.[38]

In den einschlägigen Sammlungen finden sich zu diesem Gleichnis eine Reihe von Liedern, die jedoch zum Teil eigene – nicht unproblematische – Auslegungsschwerpunkte setzen. Die folgende Liedversion steht mit dieser Darstellung am ehesten in Einklang:[39]

Lied vom verlorenen Sohn

2. Der Vater aber wartet schon,
nimmt den Verlor'nen auf,
gibt ihm ein Fest,
lädt Gäste ein.
Sieht's auch der Bruder nur mit Zorn –
der Vater ist ihm gut.

Text: Dieter Trautwein, Melodie: Seminar Päd. Hochschule Lörrach 1969
Aus: Herbert Beuerle, Mein Dudelsack; Burckhardthaus-Verlag, Gelnhausen und Berlin

38. Dazu eignen sich u. a. *G. Pausewang:* Eine Nacht im Wald, in: *D. Steinwede / S. Ruprecht:* Vorlesebuch Religion, Bd. 1, S. 267; *R. Schupp:* Diese Geschichte mit Paul, in: *Steinwede / Ruprecht:* Vorlesebuch Religion, Bd. 4, S. 197.

39. Aus: *G. Watkinson (Hg.):* 9 × 11 neue Kinderlieder zur Bibel, Lahr und Freiburg i. Br. 1973, S. 53.

»Ein Mann gab einmal ein großes Essen und lud viele
dazu ein. 17 Zur Stunde des Mahles sandte er seinen
Knecht und ließ den Geladenen sagen: ›Kommt, alles ist
schon gerichtet.‹ 18 Da fingen sie auf einmal alle an,
sich zu entschuldigen. Der erste sagte: ›Ich habe einen
Acker gekauft und muß notwendig hinausgehen und
ihn besichtigen. Ich bitte dich, entschuldige mich!‹
19 Der nächste sagte: ›Ich habe fünf Joch Ochsen ge-
kauft und gehe gerade, sie in Augenschein zu nehmen.
Ich bitte dich, entschuldige mich!‹ 20 Der dritte sagte:
›Ich habe eben geheiratet, darum kann ich unmöglich
kommen.‹ 21 Als der Knecht zurückkam, meldete er es
seinem Herrn. Da ward der Herr zornig und sagte zu sei-
nem Knecht: ›Geh schnell hinaus auf die Straßen und
Gassen der Stadt und bringe die Armen, Krüppel, Blin-
den und Lahmen herein.‹ 22 Da sagte der Knecht: ›Herr,
wie du angeordnet hast, so ist es geschehen; aber es ist
noch Platz.‹ 23 Da sagte der Herr zu dem Knecht: ›Geh
hinaus auf die Landstraßen und an die Zäune und nö-
tige sie hereinzukommen, damit mein Haus voll wird.‹
24 Denn das sage ich euch: Von jenen Männern, die ein-
geladen waren, wird keiner von meinem Mahl zu essen
bekommen.«[40]

Wie in Lukas 15,11–32 (»Verlorener Sohn«) spielt auch in diesem Gleichnis das Fest bzw. die Einladung zum Fest eine zentrale Rolle. Im Neuen Testament sind uns zwei Fassungen überliefert (Lukas 14,16–24 und Matthäus 22,1–10 [bis 14]), die jeweils unterschiedliche Weiterentwicklungen einer nur noch hypothetisch rekonstruierbaren Erzählung Jesu darstellen. Lukas gestaltet die Parabel als Argument Jesu gegen eine Einstellung, die in Vers 15 als Ausruf eines Pharisäers zum

[40] Aus: Das Neue Testament, übersetzt von Ulrich Wilckens (2. Aufl. der Taschenbuchausgabe ohne Kommentar), Gütersloh 1976.

Ausdruck kommt (»Selig, wer im Reich Gottes am Mahl teilnehmen darf!«). Denen, die auf ein zukünftiges Mahl warten, hält er entgegen, daß es darauf ankommt, »jetzt« an der Mahlgemeinschaft Jesu mit den Zöllnern und Sündern teilzunehmen. Für den, der sich jetzt nicht einfindet, wird es dann einmal zu spät sein. So lautet in der lukanischen Fassung die Pointe des Gleichnisses.[41]

Matthäus bzw. die Auslegungsrichtung, von der er abhängig ist, allegorisiert die Erzählung. Aus dem Einladenden wird ein König (beliebtes Bild für Gott), aus dem Knecht werden Knechte, die Reaktion der zuerst eingeladenen wird extrem gesteigert (Töten der Knechte). Die Erzählung bekommt in ihrem ganzen Textzusammenhang die Funktion, das Schicksal Israels zu erklären.

Alle Ausleger sind sich darüber einig, daß die Lukas-Fassung näher an der vermutlichen Urfassung liegt als Matthäus. Das Verstehen der verschiedenen Akzente, die die Evangelisten dem Gleichnis geben, setzt historisch-differenzierendes Denken voraus, eine Voraussetzung, die bei Grundschülern weitgehend fehlt. Daher bietet sich hier als Grundlage für den Unterricht eine von der neutestamentlichen Forschung mit methodischen Mitteln versuchte Rekonstruktion einer möglichen Urfassung an. In diesem Zusammenhang werden somit aus historisch-kritischen Überlegungen unmittelbar hilfreiche Anregungen für die didaktische Arbeit gewonnen. Für die Arbeit in der Grundschule empfiehlt es sich, eine versuchsweise rekonstruierte »Urfassung« zugrunde zu legen.

Mögliche »Urfassung«[42]

Mit der Herrschaft Gottes verhält es sich wie folgt: Ein Mann gab einmal ein großes Fest. Und als das Gastmahl stattfinden sollte, sandte er seine Knechte aus, um denen, die schon vorher geladen waren, zu sagen: »Kommt, alles ist bereitet!« Und auf einmal begannen alle Entschuldigungen vorzubringen. Der erste sagte dem Knecht: »Ich habe einen Acker gekauft, und ich muß ihn unbedingt anschauen gehen. Ich bitte dich, entschuldige mich.« Und der nächste sagte: »Ich habe zehn Ochsen gekauft, und ich gehe gerade, um sie mir anzusehen.

41. Vgl. E. Linnemann, 1978, S. 96f.

42. Rekonstruktion in Anlehnung an H. Weder, 1980, S. 185f., und W. Harnisch, 1985, S. 242f.

Ich bitte dich, entschuldige mich.« Und der dritte sagte: »Ich habe eben eine Frau geheiratet, deshalb kann ich nicht kommen.« Und der Knecht kam zurück und meldete es seinem Herrn. Da wurde dieser zornig und sagte zu seinem Knecht: »Geh schnell hin auf die Straßen, und wen du findest, bringe herein!« Der Knecht tat, wie es ihm befohlen war, und das Haus wurde voll. Jesus sagte: »Ich sage euch, daß keiner von den Eingeladenen an seinem Mahl teilgenommen hat.«

Im Kontext des Lebens Jesu enthält die Parabel den Aufruf, die Mahlgemeinschaft mit sehr verschiedenen Menschen als Zeichen annehmender Liebe und als Antizipation des Freudenmahls am Ende der Tage zu begreifen.[43]
Das Gleichnis soll anleiten, die Zeichen der Zeit richtig zu deuten und zur Teilnahme an der Feier »jetzt« aufzufordern. Die Entschuldigungsgründe der Eingeladenen dürften für die ursprünglichen Hörer durchaus plausibel gewesen sein. Aber sie sind unangemessen im Blick auf die Gesamtsituation. Die Zeit des Festes ist da, und das Fest findet statt, auch ohne die Eingeladenen.
Die Parabel richtet sich nicht an verschiedene Hörergruppen, sondern an zwei Einstellungsebenen derselben Hörer. Folgerichtig wird der Ausschluß am Ende nicht berichtet, um auf das Schicksal einer bestimmten Gruppe hinzuweisen. Der Hinweis auf den Ausschluß soll allen Hörern die Dringlichkeit der Einstellungsänderung nahebringen und sie zu der Einsicht führen, daß es gilt, der Einladung jetzt Folge zu leisten und das Freudenmahl nicht länger als jenseitiges Ereignis zu verstehen. Das Fest muß stattfinden, und es gilt jetzt – in der Gegenwart – zu feiern.
Die Feier des Reiches Gottes, die Feier des Lebens, verbindet sich in der Erzählung und der davon begleiteten Praxis Jesu in der Überwindung von Gegensätzen und der praktizierten Gemeinschaft mit (bisher) Ausgeschlossenen. Die didaktische Arbeit mit dem Gleichnis kann durch Bezug auf die vermutliche ursprüngliche Erzählung Jesu versuchen, die Herausforderung zum Fest und die Widerstände dagegen »spielerisch« erfahrbar zu machen.

43. Vgl. H. Weder, 1980, S. 188f.

Hinweise für den Unterricht

Falls das Gleichnis nicht im Zusammenhang mehrerer Gleichniserzählungen eingesetzt wird, ist zur Vorbereitung die Gemeinschaft Jesu mit »Zöllnern und Sündern« sowie die massive Kritik der Frommen seiner Zeit zu erarbeiten bzw. zu erinnern.

Eine gute Möglichkeit besteht darin, die Parabel im Anschluß an die Parabel vom Vater und seinen zwei Söhnen zu behandeln, weil damit die Festthematik mit einem anderen Akzent weitergeführt werden kann.

Mögliche Überleitung: »Am Beispiel des älteren Bruders haben wir gesehen, wie schwer es manchen fällt, das Fest Jesu mitzufeiern. Viele Menschen glaubten auch, es sei noch nicht der richtige Zeitpunkt zum Feiern gekommen.«

Im weiteren Unterrichtsablauf sollte es primär darum gehen, daß die Schüler die Parabel kennenlernen und ihnen die Intention der Erzählung durch verschiedene Aktionsformen erfahrbar gemacht wird.[44]

1. Phase: In arbeitsteiliger Gruppenarbeit werden Spielszenen vorbereitet. Die Arbeitsaufträge werden in den Gruppen schriftlich gegeben und sind jeweils voreinander »geheimzuhalten«. Eine Kleingruppe erhält den Auftrag, sich als Gastgeber zu fühlen und ein großes Fest vorzubereiten. Mit Wachsstiften soll auf eine Tapete (Tischtuch) eine feierlich gedeckte Festtafel aufgemalt werden.

Eine zweite Kleingruppe erhält den Auftrag, sich vorzustellen, zu einem Fest eingeladen zu sein, aber einen wichtigen Grund zu haben, dem Gastgeber abzusagen. Die möglichen Gründe sollen in der Gruppe diskutiert und von den Gruppenteilnehmern je eine Entschuldigungsrede vorbereitet werden. (Je nach Gruppenzusammensetzung kann es u. U. angezeigt sein, einige Entschuldigungsgründe vorzugeben: Vorbereitung für eine wichtige Klassenarbeit, Karten für ein interessantes Fußballspiel, Hobbys, Ferienfahrt u. a.)

Ein bis zwei weitere Gruppen erhalten die vermutliche Urfassung des Gleichnisses (siehe oben) mit der Aufgabenstellung, daraus eine

44. Entscheidende Anregungen für den folgenden Vorschlag verdanke ich einer Dokumentation über einen Unterrichtsversuch im 4. Schuljahr von Christine Reents: *Chr. Reents:* Jesus erzählt das Gleichnis vom großen Fest für alle (Luk. 14,15–24), Kurzfassung in: Die Grundschule 11 (1979), H. 2, S. 68–71.

kurze Spielszene zu entwerfen. Jesus kann dabei als Gleichniserzähler auftreten.
Im folgenden Arbeitsschritt werden die einzelnen Gruppenergebnisse miteinander in Beziehung gebracht. Zuerst stellt die erste Gruppe ihr Arbeitsergebnis vor und erläutert die Festvorbereitung. Dann wird ein Teilnehmer dieser Gruppe aufgefordert, nacheinander die Mitglieder der Gruppe 2 zu ermuntern, am gedeckten Tisch Platz zu nehmen. Nachdem diese ihre verschiedenen Entschuldigungen vorgetragen haben, kann der Gruppe 1 Gelegenheit gegeben werden, zu bedenken, was nun geschehen soll. Nach einer Reflexionspause wird die folgende Gruppe (bzw. die folgenden Gruppen) aufgefordert, ihre erprobte Szene den anderen vorzuführen.
Nachdem die Schüler Zeit hatten, sich dazu zu äußern und die letzte Szene mit der ersten in Beziehung zu setzen, schließt sich eine *2. Phase* an. Nun geht es darum, die bisher im Spiel gemachten Erfahrungen zu vertiefen und die Sicht derjenigen Gruppe einzubringen, die so überraschend eingeladen wurde. Gleichzeitig sollte dabei die Grundszene der Erzählung vergegenwärtigt werden. In der Mitte eines Stuhlkreises wird die von der ersten Arbeitsgruppe bemalte Tapete ausgebreitet. Einige vom Lehrer vorbereitete oder gemeinsam mit den Schülern ausgeschnittene Figuren symbolisieren die »Überraschungsgäste«. Andere Figuren deuten die »Entschuldigten« an. Ein Bindfaden kann diese deutlich von der Tischszene abgrenzen (siehe Skizze). Nun werden die Schüler aufgefordert, auf einer Pappe (oder leerem DIN-A4-Blatt) mögliche Gedanken derjenigen zu formulieren, die überraschend zum Mahl eingeladen wurden. Diese Blätter werden dann als »Gedankenblasen« den Figuren zugeordnet.
Im Anschluß daran wird im Kreisgespräch überlegt, was Jesus wohl mit der Erzählung beabsichtigt hat.

Da die Besonderheit der Gleichnisse nicht ohne Substanzverlust auf abstrakte Sätze zurückgeführt werden kann, sollte man verschiedene Umschreibungen der Schüler verstärken, wenn darin zum Ausdruck kommt, daß es darum geht, die Außenstehenden für das Fest Gottes zu gewinnen.

Zur Auflockerung kann das folgende Lied[45] eingeübt werden, das gleichzeitig die Intention des Gleichnisses verstärkt.

45. Aus: Chr. Reents, a. a. O., M3.

In einer *3. Phase* wird die Absicht des Gleichnisses kreativ weiterbearbeitet. Der Anstoß kann von der Aufgabenstellung ausgehen, Einladungskarten für das »Fest Gottes 1986« zu gestalten. Dabei ist auf vielfältige Gestaltungsmöglichkeiten hinzuweisen: u. a. Malen, Zeichnen, Gestalten einer Collage, Kombinieren von Texten und Bild …

Damit die Schüler Anregungen bekommen, sollten vorher im Kreisgespräch Möglichkeiten erörtert werden. Was feiern wir, wenn wir die Herrschaft Gottes heute feiern? Verschiedene Aspekte können an der Tafel festgehalten werden (z. B. wo Menschen anfangen …). Je nachdem wie die Voraussetzungen in der Klasse sind, können geeignete Bilder zu entsprechenden Anregungen verhelfen. (Menschen wenden sich aneinander zu, gemeinsames Tun, Überwindung von Gegensätzen, Hoffnungszeichen, Plakate von Brot für die Welt, Friedensinitiativen u. a.) Falls möglich, kann auch an entsprechende Jesusgeschichten erinnert werden: z. B. Gleichnis vom ›barmherzigen Samaritaner‹, von den ›zwei Söhnen‹ u. a. Abschließend können die verschiedenen Einladungskarten vorgestellt und besprochen werden.

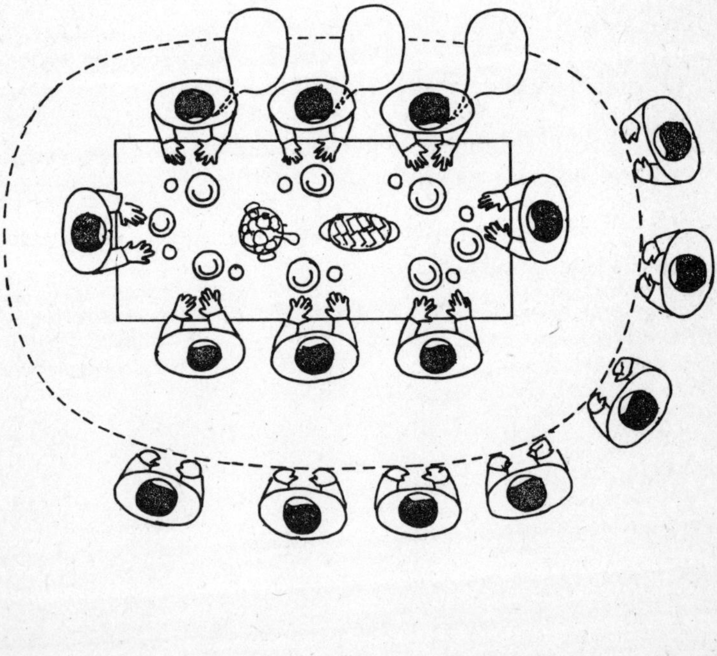

Manfred Siebald
Song-Christival 1976

5. *Wachstumsgleichnisse – Markus 4,3–8; 30–32; Lukas 13,6–9*

Während in den bisherigen Gleichnissen ein Geschehen zwischen Menschen im Mittelpunkt der Handlung steht, geht es im folgenden um Naturvorgänge, die ihren Grund in der Schöpferkraft Gottes haben[46] und zu Metaphern der Gottesherrschaft werden.
Bei diesen Gleichnissen werden verschiedene Aspekte angesprochen, die mit der Kraft des Wachstums verbunden sind. Die Wachstumsgleichnisse eignen sich besonders als Anlaß und Anregung zu kreativen Arbeitsformen im Religionsunterricht.

Das Gleichnis von der Aussaat

Markus 4,3–8

3 »Hört! Siehe, ein Sämann ging aus zu säen. 4 Und beim Säen fiel einiges an den Weg: Da kamen die Vögel und fraßen es auf. 5 Anderes fiel auf Felsboden, wo es nicht viel Erdreich hatte, und ging sogleich auf, weil ihm der tiefe Wurzelgrund fehlte. 6 Doch als die Sonne aufging, wurde es versengt und mußte verdorren, weil es nicht hatte Wurzel fassen können. 7 Anderes fiel unter die Dornen; da schossen die Dornen hoch und erstickten es; es konnte keine Frucht bringen. 8 Anderes fiel auf guten Boden und wuchs auf, reifte und brachte Frucht und trug dreißigfach, sechzigfach und hundertfach.«[47]

46. Vgl. *C. Westermann:* Vergleiche und Gleichnisse im Alten und Neuen Testament, Stuttgart 1984, S. 125.
47. Aus: Das Neue Testament, übersetzt von Ulrich Wilckens (GTB Siebenstern 199), 2. Aufl. der Taschenbuchausgabe ohne Kommentar, Gütersloh 1976.

Die meisten Ausleger sehen in dem kleinen Gleichnisstück – ohne jeden Rahmen – wie auch in 4,26–29 (Gleichnis von der selbstwachsenden Saat) und 4,30–32 (Gleichnis vom Senfkorn) einzeln überlieferte Redestücke, die auf Jesus selbst zurückgehen. Weiter gilt als wahrscheinlich, daß die in Mk 4,14–20 angehängte Erklärung nicht auf Jesus, wohl aber auf eine vormarkinische Tradition zurückzuführen ist. Ohne Kenntnis der ursprünglichen Situation und der Erfahrungen, auf die hin das Gleichnis ansprechen soll, sind viele Auslegungen möglich.
In der weitgehend auf Markus 4,14–20 zurückgehenden Auslegungstradition geht es primär um das Schicksal des verkündigten Evangeliums im Hinblick auf die unterschiedliche »Beschaffenheit« der Menschen, die es aufnehmen. Die Deutung auf vier verschiedene Hörertypen / Hörersituationen hat so tiefe Furchen in der Auslegungstradition hinterlassen, daß man ihnen nur schwer entkommen kann.[48] Die Zuordnung und Beschreibung der vier Weisen, auf das Evangelium zu reagieren, hat Generationen von Predigern und Katecheten dazu angeregt, die ihnen bekannte Welt des Christentums hier wiederzuentdecken.

Das in der katechetischen Tradition bedeutende Werk von Johann Hübner[49] erarbeitet das Gleichnis in folgender Weise: Zunächst wird es als Antwort auf die Frage bezeichnet, warum so viele Menschen nicht glauben und nicht selig werden: weil ihr Herz kein guter, sondern ein böser Acker ist.
Anschließend wird daraus die »fromme Lehre« abgeleitet, wie man mit dem Wort Gottes umzugehen habe, wenn es Früchte bringen soll: Ernstlich hören, verstehen, annehmen und behalten. Beides mündet ein in »gottselige Gedancken«, die in deutscher und lateinischer Sprache dargeboten werden.
»Das Land ist viererley, darauf der Saamen fället, und eines bringet doch nur Frucht zu rechter Zeit. Wie ist es denn mit mir, mein lieber GOTT, bestellet?
Du hast dein theures Wort auch auf mein Herz gestreut:
Ach! von Natur bin ich von keiner guten Erde! Hilf! Jesu, hilf! daß ich ein guter Acker werde!«

Hier ist die in der biblischen Erklärung (Markus 4,14–20) enthaltene

48. Vgl. z. B. *H. Thielicke:* Das Bilderbuch Gottes. Reden über die Gleichnisse Jesu, Stuttgart 1962, S. 56–67.
49. *J. Hübner:* Zweymal zwey und funffzig, auserlesene Historien, Leipzig 1734 (1. Aufl. 1714), S. 367–370.

ermahnende Tendenz nochmals moralisch zugespitzt und mit der Lehre von der verdorbenen Natur des Menschen verknüpft. Sie dient der Selbstprüfung, die eigentlich nur mit der Erkenntnis enden kann, daß man selbst schlechte Voraussetzungen für das Wachsen des Wortes bietet.

Eine andere, auch bereits in frühchristlicher Zeit auftretende Auslegungstradition legt den Schwerpunkt auf die Betrachtung des (aktiven) Vorgangs des Säens und sieht darin die Verbreitung des Evangeliums abgebildet. In dieser Weise dient die Geschichte der Ermutigung des Predigers. Dem am Erfolg zweifelnden Prediger wird der Landmann als Beispiel der Hoffnung vorgehalten. Dem hoffnungslosen Anfang wird das herrliche Ende als Kontrast gegenübergestellt, das Gott allem »Mißerfolg und Widerstand zum Trotz zur Wirkung kommen läßt«.[50] Bei dieser Auslegung wird Jesus zum »Urbild des Predigers«, der damit seinem Mißerfolg ein »Dennoch« entgegensetzt.[51]

Vom Ablauf der Erzählung her steht aber nicht der Sämann im Mittelpunkt, so daß die Bezeichnung »Gleichnis vom Sämann« irreführend ist. Ähnliches gilt auch für die Bezeichnung »Gleichnis vom viererlei Acker«, die von der Übertragung der Bodensituation auf die Situation der Hörer geprägt ist. Beschrieben wird vielmehr das Geschick des Samens.[52] Die Plausibilität der Erzählung hängt u. a. davon ab, ob die Schilderung den normalen Vorgang von Saat und Ernte widerspiegelt.[53]

Trotz der breiten Schilderung des Verlustes geht der mit den Verhältnissen vertraute Hörer nicht davon aus, daß es sich bei den Verlusten und der Erntemenge jeweils um gleiche Anteile handelt. Einiges geht zwar verloren, aber insgesamt fällt die Ernte reichhaltig aus.[54] Der hier beschriebene Saatverlust ist nicht schlechten Ackerbaumethoden zuzuschreiben, sondern entspricht den Bodenverhältnissen und der in der schlechten wirtschaftlichen Situation begründeten Notwendig-

50. *J. Jeremias:* Die Gleichnisse Jesu, Göttingen 1962, S. 150.
51. Vgl. *L. Schottroff:* Wir sind Samen und keine Steinchen, in: *Tübinger Theol. Fachschaftsinitiativen (Hg.):* Bibel und Befreiung. Beiträge zu einer nichtidealistischen Bibellektüre, Freiburg (Schweiz) u. a. 1985, S. 126ff.
52. Vgl. H. Weder, 1980, S. 109.
53. Anders H. Weder, 1980, a. a. O., Anm. 60.
54. Vgl. E. Linnemann, 1978, S. 129.

keit, jeden Zentimeter Bodens zu nutzen.[55] Die Erfahrung reichhaltiger Ernte läßt den naturgemäß eintretenden Verlust als unerheblich erscheinen. Die Vervielfältigung der einzelnen Samen zeichnet mit leichter Tendenz ins Übertriebene das Bild der überaus reichen Fruchtbarkeit. Das Gleichnis zeigt im Schicksal der Saat einen Aspekt göttlichen Wirkens in den Vorgängen der Natur auf.

Claus Westermann hat neuerdings auf die Bedeutung des alttestamentlichen Hintergrundes für Wachstumsgleichnisse dieser Art hingewiesen und betont, daß hierbei nicht auf Einzelaspekte oder einzelne Vergleichspunkte abzuheben ist. Wie der beschriebene Naturvorgang als ganzer auf Gott bezogen bleibt, kann auch die Redeabsicht nur vom Ganzen der Erzählung her verstanden werden.[56]

Wird der beschriebene Naturvorgang nun als ganzer beachtet, so gewinnt die Erklärung an Wahrscheinlichkeit, daß die frühe Jesusbewegung hierin jene Trennung widergespiegelt sah, die Jesus und seine Anhänger im jüdischen Volk auslösten und die als Scheidung verstanden wurde, die vor Gott Leben oder Tod bedeutete. Der Untergang des Fruchtlosen wird danach als Naturereignis verstanden, das jeden Menschen wie jede Pflanze trifft, die auf schlechtem Standort stehen. Wachsen und Nichtwachsen, Fruchtbarkeit und Unfruchtbarkeit sind nach allgemeiner Auffassung eingebunden in das umfassende Walten Gottes. Dieser Sachverhalt findet im Naturgleichnis seinen Ausdruck, entzieht sich aber der Erklärung.[57]

Die Zwangsläufigkeit des Naturvorganges verbindet sich hier jedoch mit einer besonderen Betonung der Fruchtbarkeit, die nach alttestamentlichem Verständnis als Ausdruck des Segens zu werten und damit als göttliche Barmherzigkeit zu verstehen ist.

Die unerklärliche Erfahrung, daß »etwas verlorengeht«, wird in der Gleichnisrede überholt von dem großen Hoffnungsbild, daß sich zwar ebenfalls an den gegebenen Wirklichkeitserfahrungen orientiert, diese aber durch die beschriebene Fülle des Wachstums zugleich hinter sich läßt. Das Gleichnis ermutigt die Anhänger Jesu, sich als Samen zu sehen, die sich im Vertrauen auf die Barmherzigkeit Gottes von dieser Hoffnungsperspektive eines reiche Frucht tragenden Feldes leiten lassen.

55. Vgl. L. Schottroff, 1985, S. 121f.

56. Vgl. *C. Westermann:* Die Vorgeschichte der Gleichnisse Jesu im Alten Testament, in: *ders.:* Erträge der Forschung am AT. Gesammelte Studien III, München 1984, S. 196f.; vgl. auch *ders.:* Vergleiche und Gleichnisse im Alten und Neuen Testament, Stuttgart 1984.

57. Vgl. L. Schottroff, 1985, S. 128ff.

In religionspädagogischen Zusammenhängen wird es darauf ankommen, in diesen und anderen Naturgleichnissen ihre Bedeutung als Hoffnungsmetapher erkennbar zu machen und zugleich die darin enthaltene Hoffnungsperspektive in gegenwärtigen Zusammenhängen neu zu entdecken.

Hinweise für den Unterricht
Der Hoffnungsimpuls des Gleichnisses wird vermutlich am ehesten deutlich, wenn das Bild des reifen Kornfeldes an den Anfang gestellt wird.[58] Danach kann als Kontrast das Bild eines unbestellten oder ausgetrockneten Bodens gegenübergestellt werden.[59] Die Schüler werden aufgefordert, sich zu beiden Bildern zu äußern. Kernsätze werden als Gegenüberstellung an der Tafel festgehalten, z. B.: »Es sieht nicht so aus, als ob da was wachsen könnte! – Das ist eine gute Ernte!« Im Anschluß daran kann das Gleichnis etwa mit folgendem Rahmen erzählt werden:

Jesu Freunde waren oft mutlos, weil sie erlebten, daß vieles, was sie taten und lehrten, nicht den guten Erfolg hatte, den sie sich wünschten. Da erzählte ihnen eines Tages Jesus ein Gleichnis, um ihnen Mut zu machen[60]:
»Ein Bauer geht auf sein Feld. Beim Säen geschieht es: Einige Körner fallen auf den Weg. Vögel picken sie auf. Einige Körner fallen auf steinigen Boden. Wenig Erde ist da. Die Saat keimt. Die Saat geht auf. Dann vertrocknet sie in der Glut der Sonne. Einige Körner fallen ins Dorngestrüpp. Die Saat keimt. Die Saat geht auf. Aber dann wird alles erstickt. Einige Körner fallen in gutes Land. Die Saat keimt. Die Saat geht auf. Die Halme wachsen. Sie bringen Frucht, Ähren mit dreißig, Ähren mit sechzig, Ähren mit hundert Körnern.«

Nachdem die Kinder Gelegenheit hatten, sich darüber zu äußern, er-

58. Siehe z. B. *G. Jost / H. Ebrecht:* Diasprache, Freiburg i. Br. und Gelnhausen 1979, Nr. 14 oder 22.
59. Jost / Ebrecht, 1979, Nr. 1 oder 13.
60. Die folgende Erzählung nach *D. Steinwede:* Jesus aus Nazareth. Ein Sachbilderbuch, Lahr und Düsseldorf 1972, S. 37.

halten sie die Aufgabe, in Kleingruppen vorsortierte oder selbstentdeckte Bildausschnitte oder kurze Berichte aus Zeitschriften / Zeitungen zusammenzustellen zum Thema: »Hinterher hat sich gezeigt, daß sich die Mühe doch gelohnt hat.«

Das Gleichnis vom Feigenbaum

Lukas 13,6–9

> 6 Und er sagte folgendes Gleichnis: »Es hatte jemand in seinem Weinberg einen Feigenbaum gepflanzt und kam nun und suchte Frucht an ihm, fand aber keine. 7 Da sagte er zum Weingärtner: ›Siehe, ich komme nun schon drei Jahre und suche an diesem Feigenbaum Frucht, ohne sie zu finden. Haut ihn ab! Warum soll er dem Boden nutzlos Kraft entziehen?‹ 8 Doch der entgegnete: ›Herr, laß ihn noch dies Jahr. Ich will ihn noch einmal umgraben und düngen – 9 vielleicht trägt er dann Frucht! Wenn aber nicht, magst du ihn abhauen!‹«[61]

Im Sinne der traditionellen Einteilung ist dieses Gleichnis als »Parabel« anzusprechen. Ein bekannter Alltagsvorgang wird auf eine besondere Szene hin verdichtet, in der die Redeabsicht des Ganzen zum Ausdruck kommt. Es ist nichts Ungewöhnliches, daß ein Feigenbaum im Weingarten steht, da diese in Palästina meistens den Charakter von Obstgärten hatten. Auch das dreijährige Warten entsprach den Gepflogenheiten.[62] Wenn sich dann allerdings keine Fruchtbarkeit zeigte, war das Abholzen eine naturgegebene Selbstverständlichkeit,

61. Aus: Das Neue Testament, übersetzt von Ulrich Wilckens (GTB Siebenstern 199), 2. Aufl. der Taschenbuchausgabe ohne Kommentar, Gütersloh 1976.
62. Vgl. J. Jeremias, 1962, S. 170.

damit er den anderen Pflanzen nicht weiterhin das knappe Wasser wegnimmt. Ungewöhnlich klingen dann jedoch der Wunsch und die im Blick auf den eigentlich unfruchtbaren Feigenbaum völlig unüblichen Pflegeabsichten des Gärtners, deren Sinn nur darin bestehen kann, nun auch noch »das Letztmögliche zu versuchen«.[63] Von diesem Interpretationsansatz ist die gewährte Chance, die es jetzt zu nutzen gilt, das eigentliche Thema des Gleichnisses. (Es steht damit in der Reihe verschiedener anderer Gleichnisse, in der aufgefordert wird, jetzt der Einladung Jesu zu folgen, ehe es zu spät ist.)[64] Wie in anderen Naturgleichnissen auch wird die Natur mit der Zwangsläufigkeit ihrer Abläufe Gleichnis für die Unerbittlichkeit des richtenden Gottes und zugleich der Ort, an dem Barmherzigkeit erfahren wird.[65] Dabei ist einzubeziehen, daß das Bild vom fruchtbaren und unfruchtbaren Baum im Alten Testament ein zentrales Bild für die Gottesbeziehung ist (vgl. Jeremia 17,5–8). Darüber hinaus ist der »Baum« ein universales Symbol für das Leben überhaupt. Weil nun der Baum selbst ein Gleichnis für das Leben und seine verschiedenen Dimensionen ist, kann es mit seiner Hilfe auch in verschiedener Hinsicht erschlossen und thematisiert werden.[66] Als die urchristliche Gemeinde das Gleichnis weitererzählte, war für sie selbstverständlich, daß Jesus diese (letzte) Lebenschance eröffnete, die es »jetzt« zu ergreifen galt. So macht dieses Gleichnis »etwas von Jesu Geheimnis sichtbar: Er spielt den Menschen in seinen Gleichnissen und Taten immer wieder seine Möglichkeiten zu, daß er *werden* kann, was er *ist* (vgl. Mt. 12,28; Mt. 11,2–6).«[67] Unter didaktischen Gesichtspunkten bietet dieses Gleichnis vielfältige kreative Möglichkeiten, in denen es vor allem darauf ankommen sollte, daß die »zugespielten Möglichkeiten« als solche entdeckt werden können.

63. J. Jeremias, a. a. O.
64. Vgl. K. Sorger, 1980, S. 26f.
65. Vgl. L. Schottroff, 1985, S. 119.
66. Vgl. *P. Biehl:* Zugänge zu christlichen Grunderfahrungen mit Hilfe elementarer Symbole. Z. B.: Das Symbol des Baumes, in: Der Ev. Erz. 3/ 1983, S. 255–272.
67. P. Biehl, 1983, S. 267.

Hinweise für den Unterricht

Der Sinn dieses Gleichnisses erschließt sich Grundschülern vermutlich am ehesten, wenn man sie mit einbezieht in die Aufgabe, den Baum zu retten. Ein trockener Zweig in einer mit Erde gefüllten Flasche kann den Baum symbolisieren.

a) »Dieser Baum gehört einem Weinbergbesitzer. Weil er schon drei Jahre keine Früchte trägt, will er ihn umhauen, um Platz für andere Bäume zu bekommen. Sein Gärtner aber hat noch Hoffnung. Er will noch einmal alles versuchen, damit der Baum gedeihen kann. Er stellt sich vor, wie es sein wird, wenn an dem Baum Früchte wachsen, und er sieht ihn mit Früchten vor sich. Darum will er ihm auch die Möglichkeit geben, Früchte zu tragen. Er will den Baum retten.«

b) Anschließend kann besprochen werden, wie der Gärtner den Baum schon jetzt sieht. Dann werden »Früchte« hergestellt (Luftballons oder Ausschnitte aus buntem Tonpapier, die an den Baum gehalten, aber noch nicht festgebunden werden).

c) »Es gibt aber sicher Gründe, warum der Baum keine Früchte trägt. Überlegt mal, was der Baum sagen würde, wenn er sprechen könnte« (Schüleräußerungen dazu werden zusammengetragen).

d) Wie vorher die Früchte werden nun »Würmer« aus Tonpapier ausgeschnitten und eventuell einige unter c) erarbeitete Stichworte darauf notiert. Die »Würmer« werden dann an die Wurzeln des Baumes gelegt.

e) Bevor die Früchte an den Baum angebunden werden, sollte in einem Kreisgespräch in offener Form besprochen werden, welche »guten Früchte« der Baum bringen könnte, wenn man sich vorstellt, er sei ein Mensch.
f) Die Schüler nehmen als »Gärtner« die »Würmer« vom Baum weg und schmücken ihn mit den gebastelten Früchten.
g) Eine Vertiefung ist dadurch möglich, daß das Gleichnis in Beziehung gesetzt wird zu der Erzählung »Die Mohnknospen« von Friederon Krautwurm.[68]

Das Gleichnis vom Senfkorn

Markus 4,30–32

30 Und er sagte: »Was für ein Bild sollen wir für das Gottesreich finden, in welchem Gleichnis es darstellen?
31 Wie ein Senfkorn ist es: Einmal auf das Erdreich ausgesät, obwohl es kleiner ist als alle sonstigen Samenkörner auf Erden – 32 und doch: Einmal ausgesät, geht es auf, wird größer als alle übrigen Kräuter und treibt Zweige, so groß, daß unter seinem Schatten die Vögel des Himmels nisten können.«[69]

Liegt bei dem Saatgleichnis (Vers 3–8) der Akzent auf der Vielfalt und dem Reichtum, der aus der wachsenden Saat hervorgeht, so steht hier die Größe und Wirkung im Mittelpunkt, die sich aus einem unscheinbaren Anfang entwickelt. Das stecknadelgroße Senfkorn als die kleinste für das menschliche Auge wahrnehmbare Größe entwickelt sich – jedenfalls in bestimmten Gegenden Palästinas – zu einer Staude von

68. *F. Krautwurm:* Die Mohnknospen, in: *D. Steinwede / S. Ruprecht:* Vorlesebuch Religion, Bd. III, S. 20.
69. Aus: Das Neue Testament, übersetzt von Ulrich Wilckens (GTB Siebenstern 199), 2. Aufl. der Taschenbuchausgabe ohne Kommentar, Gütersloh 1976.

2½ bis 3 Meter Höhe, die für Vögel eine besondere Anziehungskraft und Schutzbedingungen bietet.[70] Eine eindeutige Zuordnung zu einer Situation der Verkündigung Jesu ist bei diesem Gleichnis kaum möglich. Möglicherweise wurde es von Jesus und der frühen Jesusbewegung eingesetzt, um der Kritik an der Behauptung zu begegnen, das Reich Gottes habe mit Jesu Gegenwart begonnen. Denen, die auf das Ausbleiben großer, sichtbarer Veränderungen verweisen, wird eine aus dem Naturvorgang bekannte Erfahrung gegenübergestellt. Sie werden aufgefordert, die in den kleinen Anfängen enthaltenen Möglichkeiten zu sehen.

Mit dem Gleichnis wird der Blick auf die kleinen, unscheinbaren Ereignisse und Erfahrungen der Liebe gelenkt, die den Keim zum Großen in sich tragen. Die Bewegung auf das Reich Gottes hin läßt sich nicht auf einzelne Aspekte eingrenzen, sie umfaßt die ganze Wirklichkeit. Seine »schattenspendende und bergende Funktion« gilt es allerdings unter den Bedingungen der Gegenwart in ihrer unscheinbaren Gestalt wahrzunehmen.

Im Unterricht bietet sich die Möglichkeit, das Gleichnis »als Hoffnungsbild [zu] interpretieren und versuchsweise auf gegenwärtige (unscheinbare) Vorwegrealisationen des Reiches Gottes zu beziehen«.[71]

Hinweise für den Unterricht

Der Einstieg kann beim Größenkontrast gewählt werden. Anhand von bekannten Samenarten (Sonnenblumenkernen, Eicheln, Buchekkern) läßt sich der Größenunterschied bewußtmachen, der zwischen Samen und Pflanzen bzw. Baum liegt.

Der riesengroße Baum steckt schon in dem kleinen Samenkorn und ist dort als ganzer angelegt. Mit Hilfe des Liedes »Das Senfkorn wächst« läßt sich die Wachstumserfahrung vertiefen.

In Erinnerung an Aspekte, die im Zusammenhang mit anderen Gleichnissen herausgearbeitet wurden, kann nach kleinen, unscheinbaren Beispielen gesucht werden, die man als Zeichen »des Reiches Gottes« deuten könnte.

70. Vgl. J. Jeremias, 1962, S. 147.
71. P. Biehl, 1983, S. 264.

In Gruppen lassen sich dann z. B. Collagen unter der Überschrift: »Kleine Zeichen des Reiches Gottes« oder »Kleine Dinge, die uns Hoffnung machen« zusammenstellen.
Weitere Möglichkeiten liegen in folgenden Ansätzen:

- Auf Tapeten werden die Umrisse eines »Hoffnungsbaumes« der Klasse gezeichnet. Die Schüler bekommen die »Dauerhausaufgabe«, auf Zeitungsnotizen/Bilder etc. zu achten, die nach und nach auf diesen Baum geklebt werden (»gute Nachrichten« u. ä.). Bei der Ergänzung des Baumes kann jeweils das Lied vom wachsenden Senfkorn gesungen werden.
- Jeder Schüler bringt zwei bis drei Fotos von sich mit, die zeigen, wie er »größer« geworden ist. Diese werden auf den Stamm eines Baumes geklebt, dessen Geäst jeweils individuell gestaltet wird (Ausmalen, Beschriften mit Lebenswünschen u. ä.). Die verschiedenen »Lebensbäume« werden dann nebeneinander aufgehängt.

Das Senfkorn wächst

2. Das Senfkorn –
das Senfkorn ist klein,
ist das kleinste unter den Körnern.
Der Baum bringt Zweige,
Zweige hervor.
Das Senfkorn wächst.

3. Das Senfkorn –
das Senfkorn ist klein,
ist das kleinste unter den Körnern.
Und Vögel wohnen,
wohnen im Baum.
Das Senfkorn wächst.

Text und Melodie: Ernst Hansen 1972

72. Aus: G. Watkinson, 1973, Nr. 41.

Literatur

Barth, Karl: Die Kirchliche Dogmatik 1/2, 4. Aufl., Zürich 1970.

Baudler, Georg: Die Gleichnisse im Lichte ihrer existentiellen Entstehungssituation, in: ru 15 (1985), H. 3.

Biehl, Peter: Religiöse Sprache und Alltagserfahrung, in: Theologica Practica 18 (1983), H. 3/4, S. 101–109.

Ders.: Symbol und Metapher, in: JRP 1 (1985), S. 29–64.

Bill, Reinhold, und *Volker Schmidt:* rp-modelle, nr. 13: Gleichnisse – Handlungen – Hoheitstitel Jesu, Frankfurt am Main u. a. 1974.

Biser, Eugen: Die Gleichnisse Jesu. Versuch einer Deutung, München 1965.

Blasius, Brigitte, und *Karl-Heinz Ohlig:* Jesuskurs. Ein Sachbuch für 8- bis 12jährige, München 1973.

Cardenal, Ernesto: Das Evangelium der Bauern von Solentiname. Gespräche über das Leben Jesu in Lateinamerika, Bde. 1–4 (GTB Siebenstern 327, 349, 1005, 1018), 3. Aufl., Gütersloh 1981.

Das Neue Testament. Übersetzt von Ulrich Wilckens (GTB Siebenstern 199, ohne Kommentar), 2. Aufl., Gütersloh 1976.

Eichholz, Georg: Gleichnisse der Evangelien. Form, Überlieferung, Auslegung, Neukirchen – Vluyn 1971.

Frickenschmidt, Inge: Gleichnisse in der Grundschule. PTI XII (Redaktion: Dietrich Steinwede), Bad Godesberg 1980.

Harnisch, Wolfgang: Die Gleichniserzählungen Jesu (UTB 1343), Göttingen 1985.

Ders. (Hg.): Gleichnisse Jesu. Positionen der Auslegung von Adolf Jülicher bis zur Formgeschichte, Darmstadt 1982.

Hübner, Johann: Zweymahl zwey und funffzig, auserlesene Historien, Leipzig 1734.

Jens, Walter (Hg.): Der barmherzige Samariter, Stuttgart 1977.

Jeremias, Joachim: Die Gleichnisse Jesu, 6. Aufl., Göttingen 1962.

Kassel, Maria: Biblische Urbilder, 2. Aufl., München 1980.

Dies.: Sei, der du werden sollst, München 1982.

Dies.: Tiefenpsychologische Bibelauslegung, in: Der Ev. Erzieher 35 (1983), Nr. 3, S. 243–251.
Knecht, Lothar: Bibel im Unterricht. Kreative Praxis in Primar- und Sekundarstufe I, Teil 4: Spruchgut und Gleichnisse Jesu, Freiburg 1980.
Linnemann, Eta: Gleichnisse Jesu. Einführung und Auslegung, 7. Aufl., Göttingen 1978.
Lionni, Leo: Frederick, 30. Aufl., Köln 1980.
Longardt, Wolfgang: Spielbuch Religion. Für den Umgang mit 5- bis 12jährigen Kindern, Zürich u. a. 1974.
Ragaz, Leonard: Die Gleichnisse Jesu. Seine soziale Botschaft (GTB Siebenstern 450), 3. Aufl., Gütersloh 1985.
Reents, Christine: Kritisch-produktives Denken im Religionsunterricht, Gütersloh 1974.
Schmitt, Heinz, und *Jörg Thierfelder:* 28 Unterrichtseinheiten für den Religionsunterricht im 5. / 6. Schuljahr, Stuttgart 1976.
Schmitt, Rainer: Musik und Spiel in Religionsunterricht und Jugendarbeit, Stuttgart und München 1983.
Schön, Werner: Praxishilfe: Puppen und Masken. Kreatives Spiel in der Jugendarbeit (GTB Siebenstern 701), Gütersloh 1979.
Sölle, Dorothee, und *Luise Schottroff:* Die Erde gehört Gott. Texte zur Bibelarbeit von Frauen (rororo aktuell 5634), Reinbek bei Hamburg 1985.
Sorger, Karlheinz: Gleichnisse im Unterricht, Düsseldorf 1980.
Spiegel, Yorick (Hg.): Doppeldeutlich. Tiefendimensionen biblischer Texte, München 1978.
Steinwede, Dietrich: Jesus aus Nazareth. Ein Sachbilderbuch, Lahr 1972.
Ders. und *Sabine Ruprecht:* Vorlesebuch Religion, Bde. 1–3, Lahr 1971 ff.
Thielicke, Helmut: Das Bilderbuch Gottes. Reden über die Gleichnisse Jesu, Stuttgart 1962.
Tübinger Theologische Fachschaftsinitiativen (Hg.): Bibel und Befreiung. Beiträge zu einer nichtidealistischen Bibellektüre, Freiburg (Schweiz) u. a. 1985.
Weder, Hans: Die Gleichnisse Jesu als Metaphern, 2. Aufl., Göttingen 1980.
Wegenast, Klaus: Religionsdidaktik Grundschule. Voraussetzungen, Grundlagen, Materialien, Stuttgart u. a. 1983.
Westermann, Claus: Vergleiche und Gleichnisse im Alten und Neuen Testament, Stuttgart 1984.
Wink, Walter: Bibelarbeit – ein Praxisbuch für Theologen und Laien, Stuttgart 1982.
Ders.: Bibelauslegung als Interaktion. Über die Grenzen historisch-kritischer Methode (UTB 622), Stuttgart 1976.

Arbeitsbuch Religionsunterricht

Überblicke – Impulse – Beispiele. Hrsg. von Theodor Ahrens/Walter Hunger/Gerhard Wagener/Günter Bitterberg/Hartmut Drüge und Hartmut Lenhard. 310 Seiten DIN A4 quer mit zahlreichen Abbildungen. Kt.

Ein Arbeitsbuch mit ausgewählten Texten und Materialien, die konkrete Hilfen für die Planung, Durchführung und Reflexion des Religionsunterrichts geben. Es eignet sich besonders für Studenten und Referendare der Religionspädagogik sowie für Lehrer und Pfarrer, die sich über den gegenwärtigen Stand der religionspädagogischen Diskussion informieren wollen.

Das Buch berücksichtigt die wichtigsten Themenbereiche, die in der Ausbildung für das Fach Religion vorkommen. Über die grundlegenden Fragen nach Begründung, Funktion und Auftrag des Religionsunterrichts hinaus bietet es jeweils einführende Überblicke, Basismaterialien und Praxisanregungen zu den Komplexen Religionslehrer, Schüler, Unterrichtsvorbereitung, Methoden, Medien, Bibel, Kirchengeschichte, ethische Erziehung, Religionen, dogmatische Fragen, Gespräch u. v. a.

Die Materialien vermitteln:

- strukturierte Kenntnisse;
- engagierte Gesprächsimpulse;
- konkrete Arbeitsvorschläge für die Arbeit in Fach- bzw. Universitätsseminaren oder das Selbststudium.

Die Herausgeber sind als Fachleiter für katholische und evangelische Religionslehre in Paderborn, Bielefeld und Detmold tätig.